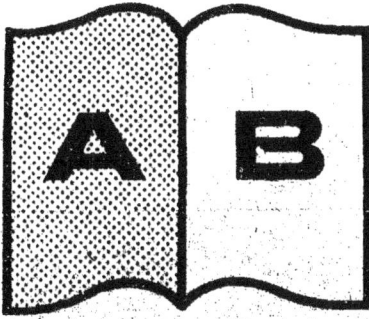

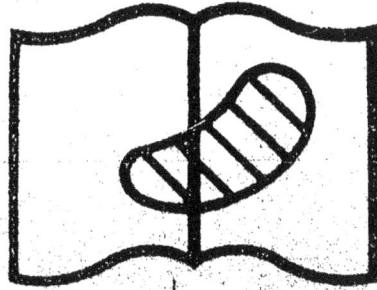

J.-C. JUMEL

LE PÈRE DUCHÊNE DE LA CORRÈZE

Par M. G. CLÉMENT-SIMON

(Extrait de la *Biographie Tulloise*)

PARIS

HONORÉ CHAMPION, LIBRAIRE

9, quai Voltaire, 9

1889

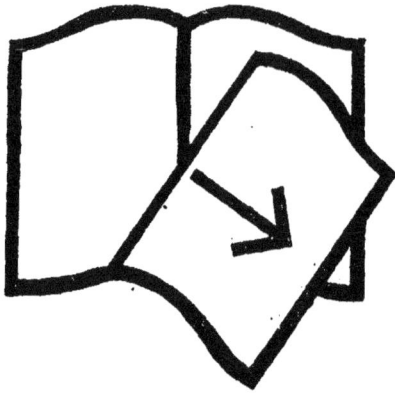

Couverture inférieure manquante

J. C. JUMEL

LE PÈRE DUCHENE DE LA CORRÈZE

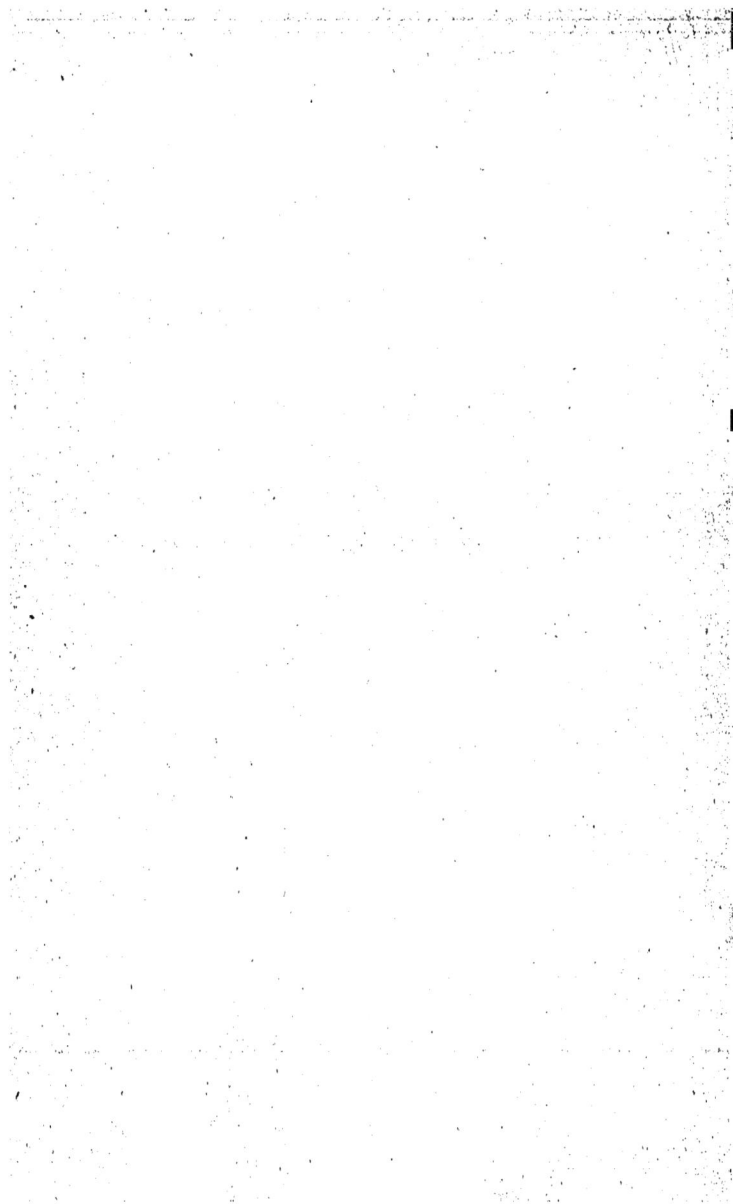

J.-C. JUMEL

LE PÈRE DUCHÊNE DE LA CORRÈZE

Par M. G. CLÉMENT-SIMON

(Extrait de la *Biographie Tulloise*)

TULLE

IMPRIMERIE CRAUFFON

36, rue du Trech, 36

1889

J.-C. JUMEL

LE PÈRE DUCHÊNE DE LA CORRÈZE

—

Jean-Charles Jumel n'est pas né à Tulle et je n'ai pas la moindre idée de le revendiquer comme un compatriote, mais une partie de sa vie appartient à notre histoire locale, il a laissé parmi nous des traces ineffaçables, nos devanciers ont été témoins ou victimes de ses turpitudes et de ses excès de tout genre; c'est le Père Duchêne de la Corrèze.

Existence extraordinaire comme la tourmente révolutionnaire put seule en produire. D'abord prêtre par son libre choix, honoré pour ses talents, pourvu de situations brillantes, bien vu de la cour, aimant le commerce des grands, fla tant les puissants et les riches pour en être protégé; puis changeant de goûts et d'habitudes avec cynisme, se laissant entraîner à toutes les défaillances, se vautrant dans toutes les hontes, reniant son passé, abjurant sa religion et la couvrant de boue, se mariant dans le temple de la Raison, marchant au premier rang des proscripteurs et des bourreaux... subissant ensuite une nouvelle transformation, essayant d'oublier comme un mauvais rêve ses monstrueux égaroments, abandonnant la femme et les enfants qu'il avait marqués du sceau de son ignominie, revenant à la vie calme, honnête, peut-être austère et finissant obscurément ses jours dans une cure de campagne. De même un fleuve, clair et limpide à sa source, troublé soudain et souillé dans son cours par un terrible orage et qui reprend en-

ꙮ

suite sa pureté. Mais l'image n'est pas juste. L'âme humaine ne se purifie pas comme l'eau qui coule et, suivant l'expression du poète, la mer passerait sur certaines souillures sans les laver.

Je me suis demandé longtemps si c'était bien le même homme qui avait joué des rôles si divers. Comment croire à de tels contrastes ? Si invraisemblables qu'ils soient, ils ne sont que trop réels, ils sont encore tout près de nous. Ceux qui les ont vu se dérouler sous leurs yeux, qui en ont été épouvantés ou indignés, n'ont pas tous disparus. Le Père Duchêne de la Corrèze, c'est le même que l'abbé Jumel, chanoine et aumônier de l'Ecole militaire avant 1789 et que le curé de village qui mourut dans son presbytère en 1824.

Jumel était né à Paris en 1751, d'une famille peu fortunée. Il s'adonna d'abord à l'étude du droit et prit le grade de licencié. Puis il se fit prêtre. Le titre d'un de ses ouvrages nous apprend qu'il était vicaire de la paroisse de Sainte-Opportune en 1779. Il devint successivement curé d'Houilles, près de Versailles, chanoine de Saint-Marcel, chanoine du Mans, aumônier de l'Ecole militaire.

Le jeune abbé avait un goût prononcé pour la littérature. Il écrivait avec la plus grande facilité, soit en prose soit en vers. Imbu d'ailleurs des plus saines doctrines catholiques, le vent de philosophie railleuse et sceptique qui soufflait aux approches de la Révolution ne l'avait pas atteint. En 1779, il publia son premier ouvrage : *l'Eloge de l'abbé Suger*, ministre d'Etat et régent du royaume sous Louis le Jeune (1). L'Académie française avait mis ce panégyrique au concours. C'est l'avocat Garat qui emporta le prix. L'étude du caractère du ministre de Louis VII souleva de vives controverses. Jumel ne concourut pas pour le prix : mais, comme Garat, il avait loué le génie de Suger. L'abbé d'Espagnac, né à Brive, publia au contraire, à la même époque, un dénigrement de ce grand ministre. Jumel débute ainsi : « Les voilà donc encore, ces cloîtres que la manie du siècle voudrait détruire ; les voilà donc encore le berceau

---

(1) Voir à la fin la partie bibliographique, pour tous les ouvrages de Jumel cités au cours de cette notice.

d'un grand homme et l'école d'un sage. » L'œuvre est d'un ton un peu ampoulé, mais l'auteur y témoigne d'un esprit profondément religieux, respectueux des traditions, soumis à la discipline, en même temps que de justes tendances vers le progrès et la liberté. Les rois, les ministres, les évêques, les moines sont jugés par lui avec équité, avec bienveillance. Voilà comment il parle des conciles : « Qu'est-ce qu'un concile en effet ? La réunion de différents esprits, mais tous également nourris de l'Ecriture sainte et de la doctrine des Pères ; tous également attachés à cette vénérable antiquité qui remonte jusqu'aux apôtres et qui, sans rien emprunter de la nouveauté, reproduit leurs sentiments et leurs maximes ; un assemblage de lumières dégagées de ces nuages qui se forment dans le tumulte du monde et qui engendrent les passions ; un arsenal où pendent les boucliers de la foi et d'où partent ces foudres qui désarment les hérésiarques et qui pulvérisent les erreurs ; un sanctuaire où le Ciel répand tous les dons de l'Esprit saint et où l'Eglise, dans le silence et sous les yeux de Dieu même, forme ses décisions. » Vers le même temps, l'abbé Jumel prononça, devant l'académie de Châlons-sur-Marne, un panégyrique de saint Louis. L'année suivante, il publia l'éloge de l'impératrice Marie-Thérèse, mère de Marie-Antoinette. Ces productions sont dans la même note que l'éloge de Suger. En même temps, il s'était essayé à la prédication et y avait réussi. Dès l'année 1781, il était aumônier de l'Ecole militaire. En cette qualité, il prêcha le Carême dans la chapelle de l'Ecole en 1782. Ses sermons sont dédiés à Monsieur, frère du roi, qui les fit imprimer par ses presses particulières. La dédicace est naturellement remplie de flatteries pour le comte de Provence, « dont l'Europe admire les rares vertus et les sublimes connaissances. »

Dans la préface, l'auteur déclare, un peu prétentieusement, « que les parents dont les enfants se destinent à la profession des armes pourront regarder son livre comme l'abrégé d'une éducation militaire. » Il ajoute « qu'il ne s'est proposé d'autre objet que de graver dans les cœurs ce précepte du prince des apôtres qui fait la base de la société civile : CRAIGNEZ DIEU, RESPECTEZ LE ROI : *Timete Deum, honorificate Regem*.

La piété des militaires, la noblesse, l'obéissance et l'amour qu'on doit aux rois, tels sont les sujets de quelques sermons. Il faut lire ceux sur la noblesse et sur l'obéissance au roi pour voir ce que pensait alors l'abbé Jumel de ceux contre lesquels il devait plus tard vomir tant d'injures : « ... La noblesse a rempli nos fastes de sa valeur et de son intégrité. Tous les nobles faisant en quelque sorte corps avec le souverain doivent participer à l'éclat du trône. L'Evangile n'a jamais prétendu confondre les conditions et jusque dans le Ciel même, dont la terre est l'image, il y a plusieurs demeures... C'est des nobles et des riches que l'Eglise et l'Empire attendent des actions qui relèvent l'éclat de la religion et contiennent l'Etat. » Il fait d'ailleurs un tableau très sensé des vertus qui sont nécessaires pour soutenir la qualité de noble et des vices qui la dégradent. « Les rois sont les oints du Seigneur. Ils représentent la divinité même à qui l'on doit premièrement une obéissance entière, secondement un amour sans réserve. La religion confirme que les rois sont réellement nos supérieurs et nos maîtres et que nous devons leur obéir comme à des êtres privilégiés qui nous représentent Dieu lui-même et qui ont le glaive en main pour corriger et pour punir... Les rois choisis par la Providence ont une empreinte céleste qui les distingue de la foule des mortels... Anathème à ceux qui vous diraient que les monarques ne doivent leur élévation qu'au hasard, à la faiblesse ou au caprice des hommes... Le Seigneur n'a-t-il pas déclaré que les rois ne règnent que par lui... Dieu nous ordonne de respecter jusque dans Néron même l'image de son pouvoir... C'est manquer à Dieu lui-même que de résister aux volontés des rois, que de censurer leur conduite, que de violer leurs droits. S'ils s'égarent, n'ont-ils pas un juge redoutable dans les cieux et dans leur conscience un terrible accusateur !... » Puis l'éloge des monarques français, « ces rois qu'on voit avec transport, qu'on admire avec raison . Au nom si cher du roi, l'âme s'éveille, le cœur s'enflamme, l'histoire des rois est écrite dans nos cœurs... Tous les âges de la monarchie française, malgré les temps les plus barbares et les plus orageux, furent consacrés par quelque acte de bienfaisance. par quelque acte qui honore l'humanité. » Suivent de petits panégyriques particuliers : de François Ier, « le restaurateur des sciences et des arts qui embellit l'histoire par ses vertus et par ses exploits, » d'Henri IV « père du peuple, » de Louis XIV « le héros de la véritable grandeur qui soumit la gloire au bonheur de ses sujets et créa son siècle comme Auguste avait formé le sien, » de Louis XV, « ce protecteur de l'agriculture, du commerce, des arts, qui, plein de tendresse et de bonté pour ses sujets, acquiert à juste titre le surnom de Bien-Aimé, » de Louis XVI « dont l'histoire, dans le court espace de huit ans, a déjà fourni les traits les plus mémorables pour la monarchie, les plus glorieux pour l'humanité... que Dieu a rempli d'un esprit de force, de prudence et de vérité, qu'il a enrichi des vertus chrétiennes et sociales qu'il partage avec une reine, avec une famille qui vivront à jamais dans tous les cœurs, que Dieu nous a donné jeune afin que nous ayons le bonheur de le conserver plus longtemps. »

Nous avons copié textuellement, qu'on n'en doute pas, et donné un peu de développement à ces extraits pour mettre en parallèle ces sentiments de l'abbé Jumel et ceux du Père Duchêne.

Enfin, en 1783, il prononça dans l'église des jésuites l'oraison funèbre de Henri de Bourbon, prince de Condé.

Voilà la première phase de sa vie. Suivons maintenant la transformation de ce personnage étrange.

L'année 1789 changea sans doute complètement ses idées. Nous apprenons par un discours de Brival le conventionnel, que l'abbé Jumel fut un des héros de la prise de la Bastille. — On sait qu'il y eut beaucoup plus de héros pour prendre la Bastille qu'il n'y avait de défenseurs pour s'y opposer. — Quoiqu'il en soit, ce héros en soutane qui se vantait d'avoir teint ses mains du sang du malheureux Launay, continua d'exercer la prêtrise. La Révolution lui enlevant ses grosses prébendes, il voulut manger au nouveau râtelier. Son emploi de flatteur des monarques et des grands de la terre étant fort déprécié, il se tourna vers le souverain du jour. La Fête de la Fédération (14 juillet 1790) le vit faire l'éloge de la Révolution, avec la même emphase qu'il avait mise dans le panégyrique de Louis XV le Bien-Aimé. La même année, il prononça un discours sur l'institution des juges de paix. Mais ses palinodies, sans doute trop flagrantes, tout près de ces chaires où il prêchait le respect de Néron lui-même, ne réussirent pas suivant son dessein. Ce n'est pas son talent qui fut méprisé, car il en avait, mais son caractère sans doute qui fut jugé peu favorablement. Toujours est-il qu'il dut se contenter d'une médiocre situation en province. Il arriva à Tulle en 1791. C'est l'abbé Grégoire, curé d'Embermesnil, plus tard évêque constitutionnel de Blois, dont l'invitation pressante et amicale le détermina « à venir ajouter quelques étincelles au foyer de patriotisme qui enflammait la ville de Tulle. » Brival se vante de son côté de n'avoir pas été étranger à cette importation.

J'imagine que quoiqu'on eût trouvé un évêque jureur (le sieur Brival, oncle du conventionnel), on rencontrait des difficultés pour lui adjoindre un vicaire général capable (ou vicaire épiscopal, suivant l'appellation du temps). L'évêque Brival prit possession de ses fonctions au mois de mars et l'abbé Jumel s'installa à Tulle comme vicaire épiscopal vers le milieu de l'année. Loin du théâtre de ses premiers exploits, il fut plus à l'aise pour faire peau neuve. Il se posa aussitôt comme un partisan passionné de la Révolution.

Raconter la vie de Jumel dans cette nouvelle phase, c'est résumer l'histoire révolutionnaire de la ville de Tulle. Son nom est en effet mêlé à tous les évènements qui ont marqué dans ces terribles années : son influence, sa direction, s'y retrouvent à chaque pas (1).

Un club dit des Amis de la Constitution, à l'imitation de celui de Paris, avait été fondé à Tulle au commencement de 1790. Composé d'abord d'esprits libéraux disposés à seconder la Révolution dans ce qu'elle avait de légitime, il avait bien vite changé de physionomie et l'élément modéré en avait été banni. Peu de temps après son arrivée, le vicaire épiscopal demanda son affiliation à cette Société. Il fut admis le 26 décembre, et le jour même de sa réception prononça un discours qui montrait à ses collègues qu'il était déjà leur émule et deviendrait leur modèle. Quoiqu'il parlât encore du triomphe de la monarchie comme uni à la tranquillité publique, on pouvait

---

(1) Dans son remarquable ouvrage : *Scènes et Portraits de la Révolution en Bas-Limousin*, Paris, 1878, M. le comte de Seilhac a donné sur Jumel Père Duchêne une intéressante notice à laquelle nous ferons divers emprunts.

pressentir les progrès que feraient ses opinions à l'éloge qu'il faisait de Robespierre et à ses déclarations contre l'aristocratie, les « ruses sacerdotales » et la « vénalité scandaleuse de la cour de Rome. » Ce langage était fort déplacé dans sa bouche, puisqu'il portait la robe de prêtre. Quant aux rois, voilà ce qu'il en pensait maintenant : « Frères » disait-il, « n'oubliez jamais (c'est un avertisssement que vous donnent l'histoire et l'expérience), n'oubliez jamais qu'il ne faut pas se fier aux paroles des rois, que c'est dans leur cœur que se délaye le fiel de la perfidie et que c'est dans leur cabinet que s'ébauche le malheur des peuples (1). »

Comme il dominait les « Frères » par l'intelligence et la culture d'esprit et que d'ailleurs il se montrait aussi ardent qu'aucun d'eux, il devint bientôt président du club qui dictait ses volontés aux corps administratifs et à vrai dire gouvernait la ville. Au commencement de 1792, les plus mauvaises passions étaient déjà déchaînées dans la plupart des départements. Le pouvoir central au lieu de les contenir énergiquement leur lâchait la bride, il était facile de prévoir les crimes qui allaient ensanglanter la France. La ville de Tulle était aux mains des violents. Les contre-révolutionnaires y étaient rares, les gens d'opinion modérée s'y trouvaient plus nombreux; mais ces deux groupes qui d'ailleurs n'étaient pas unis étaient loin d'avoir la majorité et la force. Les uns et les autres étaient l'objet d'incessantes provocations. Les autorités, quoique ne partageant pas l'exaltation des clubs, craignaient de leur déplaire, leur obéissaient.

Le quartier du Trech était celui où les hommes d'ordre avaient le plus d'influence. Pour ce motif, il était souvent l'objet d'agitations et de troubles. Les clubs étaient en hostilité ouverte avec ses habitants. Les énergumènes du parti avancé, qui se décernaient le titre de *patriotes*, venaient chaque jour, braver, menacer ceux qu'ils appelaient les *aristocrates*. Une collision devait fatalement se produire. La semaine de Pâques fut très mouvementée. Le culte religieux existait encore, mais il était

---

(1) *Discours prononcé par J.-C Jumel, vicaire épiscopal, à la séance du 26 décembre, jour de sa réception.* (Voir la notice bibliographique.)

continuellement l'occasion de scandales et d'outrages de la
part de forcenés du plus bas étage. L'autorité ne donnait
aucune protection aux fidèles. Pour pouvoir exercer en paix
leur religion, ils avaient au nombre de plus de huit cents
adressé une pétition au Département, demandant qu'il leur
fût permis d'acheter une église, où ils seraient chez eux et à
l'abri de ces offenses sacrilèges. Mais leur pétition fut rejetée.

Les Amis de la Constitution cherchaient une *journée*. Ils
firent ce qu'il fallait pour l'amener. Le vendredi saint, une
bande de *patriotes* envahit la chapelle du Puy-Saint-Clair, au
moment du sermon. Ils sortaient du cabaret où ils avaient fait ce
complot en arrosant copieusement un cochon de lait (1). Les
fidèles durent leur céder la place, Des irrévérences odieuses
furent commises. Le lendemain, les esprits s'échauffèrent, des
conciliabules, des réunions dans la rue eurent lieu. Le jour de
Pâques la fermentation était à son comble dans les deux partis.
Le procureur de la commune, Juyé, coiffé d'un bonnet rouge et
accompagné de quelques clubistes, vint dans le Trech, braver
les *aristocrates*. La coiffure, non encore usuelle, l'arrogance
de l'attitude étaient une provocation. Un « jeune étourdi, »
Villeneuve Chambéry, mit sur sa tête un bonnet blanc avec
une cocarde noire et s'avança vers les bonnets rouges. De
propos en propos, la querelle s'animait, lorsque Mme d'Ussel
(femme du procureur général-syndic du département) fit retirer
Villeneuve de la mêlée. Les choses n'allèrent pas plus loin,
mais la municipalité, prévoyant que le calme n'était que tem-
poraire, commanda la garde nationale pour se rendre en

---

(1) Nous avons à notre disposition deux récits manuscrits de ces
évènements connus sous l'appellation de « Guerre des Bonnets. »
L'un est le procès-verbal dressé par les corps administratifs, l'autre
est un rapport assez détaillé, non signé, envoyé par un personnage
mêlé à l'administration et qui paraît être d'Uzerche, à un de ses
amis ou collègues. Ces deux récits sont écrits dans le sens des *patriotes*, contre les *aristocrates*. Comme contre-partie, nous n'avons
trouvé qu'une brochure de quatre pages, intitulée : *Iniquité dévoilée*.
Imposture confondue, signée : Alaric (Tulle, Chirac), à laquelle
nous empruntons le détail du « cochon de lait. » Pour le surplus,
nous suivons les deux récits manuscrits, en les complétant l'un par
l'autre. Une relation imprimée de la « Guerre des Bonnets » fut
publiée à l'époque, puisque le sieur Alaric y répond, mais nous
n'avons pu nous la procurer.

armes au Champ de la Fédération, le lendemain, 9 avril, dans l'après-midi.

En effet, le lendemain, lundi de Pâques, vers les neuf ou dix heures du matin, une troupe de cinquante à soixante *patriotes*, coiffés du bonnet rouge envahit l'oratoire de la Visitation au moment de la célébration de la messe. Il y eut une échauffourée dans laquelle les fidèles n'eurent pas le dessus. Les femmes s'enfuirent effrayées, mais les hommes ne se retirèrent qu'après avoir essayé de résister et en protestant contre la violence. Les bonnets rouges les suivirent au quartier du Trech. Une grande agitation y régnait. Les *aristocrates* s'étaient réunis sous la halle, et délibéraient sur les demandes à faire près de l'administration pour que l'exercice du culte et la sûreté de leurs personnes fussent mieux protégés.

Le Directoire était en séance avec M. d'Ussel, procureur général-syndic. M. Vialle, procureur-syndic du district, et M. Faugeyron, administrateur, vinrent annoncer ce qui se passait. Le Directoire informa aussitôt la municipalité et l'invita à mettre en mouvement la garde nationale. Le président du tribunal criminel, Villeneuve, et le commissaire du roi, Sauty, vinrent aussi se joindre au Directoire.

Pendant ce temps, les habitants du Trech, apprenant que la garde nationale était au Champ-de-Mars et que le club des Amis de la Constitution s'était réuni en armes dès le matin, se préparaient à la défense. M. de Puyabilier, émigré, récemment rentré, et M. de Lagarde d'Auberty, s'étaient constitués leurs chefs. Le maire, M. Melon, ancien député, essayait vainement de ramener le calme. Les corps administratifs réunis font une proclamation pour ordonner le désarmement des deux partis, mais elle n'est pas obéie. Les *patriotes* sont en ordre de bataille sur la place, à l'entrée du Trech, avec les canons de la ville. On en serait déjà venu aux mains si la gendarmerie à cheval ne s'était portée au haut de la rue du Trech pour empêcher les *aristocrates* d'avancer. Le maire se présente, mais la gendarmerie ne peut empêcher plus longtemps la mêlée. Deux amorces brûlent sur le maire et un coup de bout de fusil le renverse par terre (1). Il n'est pas gravement blessé, se relève,

---

(1) Ce détail ne figure pas au procès-verbal officiel, mais il se trouve dans l'autre récit.

obtient un moment de trêve. Une députation le suit au Directoire. On demande aux députés pourquoi les habitants du Trech ont pris les armes. Le sieur Lacoste répond que la vie est à charge aux citoyens honnêtes, que les lois ne sont pas exécutées et qu'ils aiment mieux mourir que de ne pas jouir de la liberté de leurs opinions religieuses. Le sieur Monteil se montre tout aussi exalté. Le Directoire leur déclare qu'ils doivent d'abord déposer les armes, réclamer par la voie régulière, adresser une pétition. Puis il nomme deux commissaires, MM. d'Ussel et de Saint-Priech, pour aider le maire à maintenir l'ordre. Mais la lutte continue et l'excès du désordre l'empêche seul d'être meurtrière. La mêlée est si pressée qu'on ne peut décharger les fusils. Une nouvelle députation du Trech se rend au Directoire. Elle reçoit de sages conseils. Il y a un instant d'apaisement. C'est peut-être la fin du conflit. Mais les *patriotes* se sont transportés à la cathédrale et sonnent le tocsin pour appeler les campagnes voisines à leur aide. Un groupe d'individus qu'on appelle « la bande noire » dans le récit déjà cité, est d'avis de traîner les canons à bras pour mitrailler les *aristocrates*. Les habitants du Trech, de nouveau effrayés se portent en masse au Directoire, conduits par M. Audubert. Les portes sont fermées. On refuse de les recevoir. Ils escaladent les murailles, demandent des armes, somment le Directoire de les protéger par sa présence au milieu d'eux. Ils se font suivre de force par MM. Peyredieu et Guillebeau. Les autres membres du Directoire se rendent à la municipalité. Les trois corps (Directoire, District, Municipalité) sont réunis. Le maire, les commissaires d'Ussel et Saint-Priech, et le procureur du district Jos-Anne Vialle s'étaient rendus au Trech pour empêcher la reprise de la collision. Divers incidents avaient excité les deux partis l'un contre l'autre. A un moment, les troupes armées n'étaient plus qu'à dix toises d'intervalle et se couchaient en joue. La gendarmerie à pied contenait les *patriotes*, pendant que la gendarmerie à cheval tenait en respect les *aristocrates*. Par ordre de l'administration, deux canons furent braqués à l'entrée du Trech. Heureusement la nuit survint et la journée finit sans effusion de sang.

Les paysans arrivaient en foule et le secours appelé par les clubistes menaçait la ville d'un plus grand danger. Les autorités passèrent la nuit à prendre des mesures, à transmettre des ordres à Brive, Argentat, Uzerche, Egletons pour faire venir la gendarmerie. Des bandes affamées de pillage se présentaient de tous les côtés de la ville. A la lueur des torches, il fallait les recevoir, les calmer, leur assigner un poste en attendant le jour. A huit heures du matin, les trois corps firent une proclamation pour le maintien de l'ordre. Mais les clubistes, aidés des paysans, étaient désormais les maîtres et pouvaient écraser les *aristocrates*. Ils exigèrent qu'on mit en arrestation tous les personnages marquants du parti du Trech. La garde nationale fut chargée de l'opération. MM. Chaumont, Soustre frères, Alaric, Merpillat (1) et autres qui ne parvinrent pas à s'échapper furent saisis dans leurs maisons. Dans la conduite et au corps de garde où ils furent déposés, ils faillirent être écharpés par une foule furieuse. Pour préserver leur vie, on dut s'empresser de les enfermer dans la grosse tour prisonnière.

En même temps, arrivaient les gardes nationales de toutes les communes voisines. Cette fois, l'administration se sentit débordée. Jusque-là, il faut le reconnaître, elle avait fait son devoir. Sans doute elle crut encore agir pour le bien en faisant des concessions à cette multitude mal intentionnée, dans l'espoir d'en débarrasser la ville. Elle se trompa. L'énergie aurait mieux réussi. Devant l'effervescence qui se manifestait de nouveau chez les *patriotes*, les trois corps crurent devoir prendre un arrêté portant que tous les prêtres non conformistes (c'est-à-dire non jureurs) se retireraient de la ville le jour même et que tous les citoyens ayant dirigé l'armement du Trech seraient désarmés par la garde nationale et la gendarmerie. Acte de faiblesse et mauvaise inspiration. Passe encore pour le désarmement, mais proscrire les prêtres parce qu'on avait profané les églises, les rendre responsables d'un mouvement dirigé contre eux, ce n'était pas seulement une criante injustice, mais la plus grande des imprudences. L'administration prenait ainsi parti pour les clubs, la populace, les bandes rurales et les excitait à une vengeance facile. La mesure produisait son effet. Le désarmement eut lieu sans résistance au milieu

---

(1) Nous retrouverons ces noms devant le tribunal révolutionnaire.

des injures et des menaces des *patriotes*. Les gardes nationales des environs continuaient d'arriver. Ces masses exaltées se pressaient en désordre, s'excitaient par des chants, mangeaient, buvaient au point que les vivres vinrent à manquer, même pour les habitants. A tout prix, il fallait les éloigner, mais elles ne voulaient pas partir sans butin. Plusieurs groupes s'étaient déjà portés vers la maison du sieur de Puyabilier en intention de la piller. On avait réussi à les éloigner. La garde nationale de Naves se retirait par le Trech. Devant la maison de Mme veuve de Lamirande, quelques patriotes rappellent que le gendre de cette dame est un aristocrate, qu'il a figuré dans le rassemblement de la halle. C'en est assez. Les soldats-citoyens forcent les portes. Mme de Lamirande est seule. Elle voit piller et saccager sa maison sans essayer de résister. L'autorité intervient trop tard. Au lieu de sévir, elle veut agir par la persuasion. Les pillards, assurés de l'impunité se portent de nouveau vers la maison Puyabilier et cette fois y pénètrent. Pendant ce temps, d'autres poussent des cris de mort, demandant qu'on leur livre les prisonniers pour en faire justice. La maison Puyabilier est pillée, tous les meubles qui ne peuvent être emportés sont brisés, jetés par les fenêtres dans la rivière. C'est ensuite le tour de la maison Chaumont dont on enlève le toit, les planchers, qui est détruite entièrement. Les vainqueurs couchent sur le champ de bataille, passent la nuit à fraterniser avec les *patriotes*. D'autres bandes se sont dirigées sur la campagne, vers les châteaux. Le même jour (12 avril), le château de Seilhac (1) était pillé, puis d'autres aux environs, Charrissou, La Gorse, Gourdon. Le 13 avril, à onze heures du matin, il ne restait plus au château de Saint-Jal que quelques bois de lit et quelques bois de fauteuil dont on avait enlevé le velours. Toutes les portes et fenêtres étaient brisées. Tous les papiers, parchemins,

---

(1) Voir le curieux procès-verbal du pillage du château de Seilhac dans les *Scènes et Portraits de la Révolution en Bas-Limousin*. M. le comte de Seilhac attribue cet exploit au 3° bataillon des volontaires de la Corrèze se rendant au camp de Meaux. Je crois qu'il s'est trompé. Le troisième bataillon ne quitta Tulle qu'après le 12 septembre, comme nous le verrons tout à l'heure et ainsi que M. de Seilhac l'indique lui-même dans un autre de ses ouvrages : *Les Bataillons de Volontaires de la Corrèze*, Tulle, 1882.

livres, avaient été enlevés, étaient épars çà et là sur les chemins. Cela faisait frémir, dit le narrateur d'Uzerche, témoin oculaire. Le mouvement s'étendit. D'autres châteaux plus éloignés de Tulle reçurent des visites du même genre.

Tel était le résultat de la journée organisée par le club dont Jumel était le président. La robe qu'il portait l'empêcha sans doute de coopérer par lui-même aux violences contre les personnes et au pillage des propriétés, mais il en fut l'instigateur, et les Amis de la Constitution et leur président en ont la principale responsabilité. Ils ne la répudièrent pas. Il ne leur restait qu'à remercier les pillards de l'ouvrage qu'ils avaient si bien fait. Jumel n'y manqua pas. Il envoya une adresse aux « Braves habitants des campagnes » dont voici un extrait :

« Braves habitants des campagnes, il est enfin dissipé cet orage qui grondait sur la ville de Tulle d'une manière si effrayante. Les traîtres qui menaçaient d'égorger leurs concitoyens sont déchirés par les remords les plus cuisants et accablés par la honte d'être des objets d'horreur aux yeux de l'humanité. C'est à vous que les patriotes doivent le calme qui règne actuellement dans la ville..... Les secours que vous nous avez prêtés sont d'autant plus gravés dans nos cœurs que vous avez conservé la discipline la plus exacte et que vous avez répondu aux intentions des bons citoyens. Vous avez protégé la vie des coupables même..... Si quelques-uns, parmi un peuple immense, entraînés par la fureur qu'inspire naturellement le crime des chefs des factieux se sont jetés sur leurs maisons, n'en accusez que le malheur des circonstances où nous nous trouvions tous hors de nous-mêmes.... » Signé J. C. JUMEL, président (1).

Les *aristocrates* de Tulle, pillés, emprisonnés ou en fuite avaient eu au moins la vie sauve. Il n'en fut pas de même partout ailleurs, et le 3 mars, à Etampes, le maire Simoneau ayant voulu s'opposer au pillage qui fut toléré à Tulle avait été massacré par la populace. L'Assemblée législative improuva les fauteurs de désordre et honora le défenseur de la loi. Ce fut pour la dernière fois, car elle s'abandonna ensuite

(1) Voir la notice bibliographique.

au courant. Elle ordonna une fête civique en mémoire de ce courageux citoyen, mort victime du devoir. La fête eut lieu à Tulle le 3 juin. Jumel prononça l'éloge de Simoneau (1). Quelle leçon pour les administrateurs de Tulle et pour lui-même! (1).

Il portait toujours la soutane, quoiqu'il fût le plus en vue des hommes de désordre. Avec Sauty, d'Ussel, que nous avons déjà nommé, il avait fondé la première feuille périodique qui ait paru dans le département, sous le titre de *Journal du département de la Corrèze*. Le premier numéro avait été répandu vers le milieu de juillet (sans doute le 14, en souvenir de la prise de la Bastille). Il paraissait tous les huit jours. Nous avons quelques numéros de cette feuille dont la collection serait bien précieuse pour notre histoire locale.

Le numéro 8, du 17 septembre, nous apprend que le 12 du même mois, une fête civique avait été célébrée à Tulle, en l'honneur des patriotes morts le 10 août au siège des Tuileries. Le 3ᵉ bataillon de la Corrèze et la garde nationale s'étaient rendus au Champ-de-Mars où l'on avait élevé une pyramide ornée de fleurs et de bannières portant des inscriptions en vers, de la façon de Jumel. On lisait sur la bannière du département:

> Quand il reprend ses droits, un peuple souverain
> Doit nous paraître juste et non pas inhumain.

Il y avait la bannière de la municipalité, celle des femmes patriotes. La fête commença par une décharge de canons, continua par des airs de musique. Le vicaire épiscopal prononça un discours dont le journal reproduit de longs extraits. C'est l'apologie de la journée du 10 août, suivie d'une exhortation patriotique au 3ᵉ bataillon de la Corrèze qui était sur le point de partir.

« Ce discours, » dit le journal, « a été vivement applaudi. Les maximes morales qu'il contient ont convaincu les auditeurs qu'il était prononcé par un bon citoyen. Ses collègues et lui ont été invités par les volontaires de se conformer à la loi des costumes et de vouloir bien à l'avenir ne porter la soutane

(1) Voir la notice bibliographique.

qu'à l'église. M. Fougère, vicaire épiscopal, a répondu collec-
tivement à cette invitation qu'ils étaient citoyens avant d'être
prêtres..... et qu'ils s'empresseraient d'obéir à la loi. »

Les élections à la Convention venaient d'avoir lieu. On pourrait s'étonner que Jumel qui était sans conteste un des hommes
les plus intelligents et les plus ardents du parti qui triomphait
sans combattre, n'ait pas été un des élus, mais il est très facile
de comprendre que très puissant pour faire le mal il était sans
aucune considération. On se servait de lui, mais il était
méprisé comme il le méritait. Quelques jours après, la République était proclamée. Comme d'habitude, Jumel fut l'orateur
de la cérémonie qui eut lieu à cette occasion. Il prononça dans
la cathédrale un discours civique et religieux sur l'établissement du gouvernement républicain. Il ose encore parler comme
un prêtre, mais il comprend que sa conduite et ses paroles
jurent avec son habit et l'enceinte vénérable que sa seule
présence profane. L'épigraphe de cette sorte de sermon (il
n'osa pourtant lui donner ce nom) qui revient souvent dans son
thème, est empruntée à l'Evangile de Saint-Jean et semble
trahir un dernier reste de honte : *Hæc locutus sum vobis ut
non scandalisemini.* La pièce a été imprimée avec dédicace
aux citoyens composant le Conseil général de la Corrèze (1).
Il y fait le plus singulier amalgame de la piété et de l'amour
pour la patrie, de la dévotion et de la liberté ; il associe un
saint respect pour les fondements du christianisme et une
tendre vénération pour les bases du gouvernement ; la vie spi-
rituelle et l'existence politique, la conduite d'un chrétien et les
devoirs d'un citoyen. Il déclare que Dieu lui-même a la royauté
en horreur. Ce fut dans sa colère, dit la Bible, qu'il accorda
des rois aux Juifs. Jésus-Christ quand les Juifs voulaient le
faire roi, prit la fuite pour nous prouver qu'on ne doit jamais
accepter l'autorité souveraine qui appartient essentiellement
aux peuples, quand bien même ces peuples dans l'enthousiasme
l'offriraient d'eux-mêmes parce qu'ils n'ont pas le droit de
l'aliéner.

Cependant, sur les dénonciations de ce chrétien ou de ses

---

(1) Voir la notice bibliographique.

amis, les prisons s'emplissaient de saints prêtres et d'honnêtes citoyens. La Législative, en même temps qu'elle laissait exécuter les massacres de septembre, décrétait le bannissement de tous les prêtres non assermentés. Mais avant la transportation c'était la prison. Dès le mois de juin, les locaux destinés à la détention n'étaient plus suffisants. L'instruction publique étant supprimée, le collège avait été converti en prison pour les hommes. Le séminaire désert était réservé aux femmes. Mais ce fut au commencement de l'année suivante, après la mort du roi, que les arrestations devinrent innombrables. Les députés Borie (de la Corrèze) et Bordas (de la Haute-Vienne) étaient envoyés dans les départements qui les avaient élus pour activer le recrutement de 300,000 hommes (Décret du 9 mars 1793). Ils avaient en même temps les pouvoirs les plus étendus et ne s'occupèrent pas seulement de la levée des conscrits. Dès que le Directoire de la Corrèze connut leur arrivée prochaine, il prit un arrêté contre les suspects, devançant ainsi la Convention elle-même (18 mars). Les prêtres fidèles à leur foi étaient principalement visés. Tous ceux de cette catégorie habitant le département devaient être arrêtés sur le champ et conduits de brigade en brigade par la gendarmerie jusqu'au plus prochain port de mer pour être de là transportés en Guyane. Les septuagénaires et les infirmes qui avaient été jusque-là l'objet d'une certaine tolérance, étaient tenus de se rendre dans les vingt-quatre heures à la prison des Récollets., faute de quoi ils y seraient conduits par la force. Tout ecclésiastique ayant refusé le serment devait être immédiatement arrêté. La dénonciation était officiellement organisée et rémunérée. Tout citoyen dénonçant un émigré ou un prêtre recevait cent livres. Tout citoyen était autorisé à requérir à tout instant les municipalités à l'effet de faire des perquisitions domiciliaires dans les maisons où il présumait que des personnes suspectes pouvaient se trouver. En cas de refus, les municipalités devaient être dénoncées aux corps administratifs. Tout individu dénoncé par six citoyens comme suspect devait être arrêté sur l'heure (1).

---

(1) *Rapport présenté à la Convention nationale par Borie, député de la Corrèze, et Bordas, député de la Haute-Vienne, envoyés dans les départements de la Haute-Vienne et de la Corrèze.* (Pièces annexes). Imprimerie nationale (1793).

Ce monstrueux arrêté était en avance de huit mois sur la loi que la Convention édicta le 17 novembre suivant. Et la Convention avait au moins défini les conditions qui rendaient suspects. Le Directoire de la Corrèze laissait cette appréciation à la haine des citoyens les uns contre les autres. La pièce est signée : Malepeyre, vice-président du Directoire, Roche, Bessas, Veilhan, Malès, administrateurs, Sauty, procureur général-syndic, et Sage, secrétaire général, tous gens qui plus tard prétendirent ne s'être pas écartés de la modération et de la justice. Dès leur arrivée, les représentants approuvèrent cet arrêté et les prisons devinrent trop petites. Les détenus furent entassés dans des chambres communes. La municipalité, le district, les clubs, rivalisaient de zèle, de rage, pour mieux dire. On arrêtait pour les motifs les plus ridicules, pour un regard échangé, « pour rien, pour le plaisir. » (1). On ne connaîtra jamais tous les excès auxquels se livra la populace en délire, entraînée par les terroristes. Avant de les jeter en prison, on abreuvait d'ignominies les suspects, on les promenait sur des ânes ; on fouettait en public, à nu, de malheureuses femmes « travaillées par la nature. » Pour croire à ces abominations, il ne faut pas moins que les déclarations écrites de témoins oculaires. « C'est vers la même époque, » dit une pièce du temps signée par plus de cent citoyens, « que quelques-uns de ces personnages, à la tête d'une troupe de citoyens égarés ou terrifiés, arrachèrent de leurs asyles plusieurs citoyens et citoyennes qu'ils promenèrent ignominieusement sur des ânes dans les rues d'Argentat, et qu'ils abreuvèrent de toutes les avanies imaginables. Ils ne rougirent pas de lever le voile de la pudeur et de fouetter avec des orties une infortunée que la nature travailloit en ce moment. Cette scène scandaleuse fut répétée dans plusieurs carrefours. (2). »

Jumel se mettait à la hauteur de toutes les circonstances. Le

---

(1) Voir *Tableau du Robespierrisme*, Tulle, Chirac, an III, et *Maison de réclusion de Brive ou aperçu des vexations exercées envers les détenus* s. l. n. d. (Brive, 1795).

(2) *Rapport fait à la Société populaire régénérée d'Argentac, dans la séance du 6 ventôse an III, sur la conduite des partisans du Robespierrisme*. Tulle, R. Chirac, s. d. (1795).

3

ministre de paix qui, sous un masque hypocrite, prêchait six mois auparavant l'alliance de la piété et du patriotisme, du respect de la religion et de la vénération du gouvernement républicain fut le premier terroriste de la Corrèze. Parmi tous les monstres de la Révolution, ce prêtre qui n'avait pas encore abjuré s'était choisi pour patron, le plus odieux, le plus répugnant de tous, l'ignoble et obscène Hébert. Il lui avait pris son nom et son langage et publiait *Le Père Duchêne de la Corrèze*. Le premier numéro que nous connaissions est du mois de mai et porte pour titre : *La grande colère du Père Duchêne contre la grande assemblée de département, tenue à Tulle le 12 mai et jours suivants de l'an second de la République* (1). Il raconte qu'il est allé à Paris et qu'en revenant par Limoges, il a rencontré les deux représentants Borie et Bordas « qui sont deux lurons qui vont droit leur chemin quoiqu'ils sablent dur le champagne. » — Il continue : « Nous faisons des libations en l'honneur de la République et nous parlons d'affaires comme des bons b....es qui ne sont point des Jean-F....es. » Les deux représentants le chargent de surexciter les esprits pour la prompte levée d'une force militaire destinée « à contenir les malveillans et dont les frais doivent être couverts par un emprunt forcé. » Il arrive à Tulle. Le Département a réuni à cet effet les juges de paix, les administrateurs de district, les municipalités, les membres des sociétés populaires de Tulle, Brive et Uzerche. L'assemblée a voté la levée provisoire de 440 hommes.

Le Père Duchêne trouve la mesure insuffisante, se fâche tout rouge, fait irruption dans l'assemblée et en prend la présidence, veut faire voter la levée d'un bataillon de 800 hommes au moins :

« Silence, f....e, m'écriai-je en entrant, silence, je suis le Père Duchêne, et nous allons voir si des sacrés hurleurs de Pluton comme vous sont f...us pour résister à mes raisons. On

---

(1) Ce premier numéro est imprimé à Tulle par Vachot. Le numéro 5 est imprimé par Chirac. D'autres sont sans nom d'imprimeur. Ce journal était hebdomadaire. On n'en connaît qu'une dizaine de numéros.

crie toujours... et je ne peux me faire entendre que quand j'ai envoyé des bouffées de fumée de ma pipe dans les grandes mâchoires qui furent obligées de se fermer à l'instant.

» Enfin un sans-culotte qui se débattoit dans la tribune comme un diable dans un bénitier, me reconnoît à la faveur d'une lorgnette, et alors on m'offre le fauteuil, comme c'est de droit. Ah f....e, quand je me vis là, l'assemblée prit un air b......ment majestueux... » — Il cherche à entraîner l'assemblée par des arguments tels que ceux-ci : « Vous êtes des Jean-F....es, si vous ne levez pas un bataillon complet qui soit bien dressé à la manœuvre ; car que feriez-vous avec 400 hommes dans un pays dont les routes sont aussi tortueuses que la conscience d'un Lidon !... Mais si on venoit vous attaquer !... Alors il faudroit faire marcher tous ces mâtins d'aristocrates devant vous sans armes et leur faire essuyer le premier feu de l'ennemi ; n'oubliez pas cette mesure sans-culottine, car, f....e, vous seriez f...us. A présent, voyons si vous ne vous embarquez pas sans biscuits. Où prendrez-vous les fonds nécessaires pour équiper un bataillon ? — Père Duchêne, me répondit le président, nous avons arrêté qu'il serait levé une contribution de 1,200,000 livres sur les riches aristocrates et sur ceux qui n'ont pas fait pour la Révolution les sacrifices qu'ils pouvoient faire. — Bravo, m'écriai-je, voilà, f....e, ce que j'appelle se rapprocher des principes. Mais quel mode adopterez-vous pour lever cette contribution ? Un membre a dit qu'il falloit ménager les aristocrates. Voilà encore du modéré ! Quelle b......sse d'expression ! Si le Jean-F....e de Pénières étoit ici je dirois qu'elle est sortie de son sacré gosier ; être juste pour des hommes qui commettent tous les jours mille injustices, qui arment et payent nos assassins. Qu'un verre de sacré chien tout pur me noye le cœur si j'étois jamais d'un pareil avis. Je ne connois, f...e qu'une mesure. — Quelle est-elle, père Duchêne ? — C'est, f....e, de prendre tous les aristocrates et de les attacher tous ensemble par la queue, comme Samson fit des renards, et de leur dire que si sous vingt-quatre heures ils ne font pas 1,200,000 livres, la guillotine fera sauter leurs sacrés crânes empoisonnés. »

« Les applaudissemens retentirent de toute part. Il n'y eut qu'un gros calotin que je pris pour le second tome du Tartuffe Chambon qui fit la grimace..... Je sortis au milieu des claque-

mens de mains, accompagné du sans-culotte à bonnet rouge.
Nous fûmes chez les filles flûter deux bouteilles du meilleur,
et je n'oubliai point de porter des santés aux aimables citoyennes Brival et Lanot qui sont bien heureuses de ce que leurs
maris ne passent les nuits que dans les bras de la patrie... (1). »

On n'a pas le courage de s'indigner en écoutant un tel langage dans la bouche d'un homme encore revêtu du caractère
sacré. On voudrait le croire atteint de folie. Une telle déprava-
tion excite plutôt la pitié. A partir de ce moment la conduite
de Jumel dépasse les bornes du mépris et du dégoût.

Il avait grand tort d'inculper de modérantisme les corps
administratifs de Tulle. Ils étaient prêts à suivre le courant.
Quelques jours après ils instituaient, conformément aux ordres
de la Convention, un comité de salut public et un comité de
surveillance. La première réunion du comité de salut public
eut lieu le 27 mai. Roche et Yvernat, administrateurs du Département, furent nommés président et vice-président. Le
comité décida sur-le-champ des arrestations. Dans sa seconde
séance, le 29, il ordonna que toutes les personnes suspectes ou
d'un incivisme reconnu par l'opinion publique, seraient arrê-
tées sans exception et sans délai. Jumel et Joseph-Anne Vialle
furent membres du comité dès la création.

Les trois corps administratifs s'avancèrent encore dans la
même voie. Le 30 mai ils prirent un arrêté organisant un plan
de défense pour combattre la contre-révolution. Par cet arrêté,
des commissaires étaient chargés de visiter les communes,
d'élever l'esprit public à la hauteur des circonstances, d'activer le recouvrement des contributions, la vente des biens des
émigrés et de créer un corps de troupe de 4,000 hommes, dont
100 pour chaque canton. Les ingénieurs du département rece-
vaient mission de visiter les châteaux et maisons fortes, de
faire réparer ceux qu'il était utile de conserver et les remettre
à la garde de citoyens requis dans le canton. En outre, la créa-

---

(1) Pourtant sa motion ne fut pas admise. La levée ne fut que de
440 hommes dont les frais furent faits au moyen d'un emprunt forcé.
*Extrait des registres des délibérations du conseil général d'admi-
nistration du Département de la Corrèze. Séances des 11, 12, 13,
14 et 15 mai 1793*, s. l. n. d. (Tulle, 1793). Placard.

tion d'un comité d'armement et d'équipement, et d'un comité de salut public et de défense générale était ordonnée dans chaque district (1). C'était l'organisation de la terreur.

Les évènements du 31 mai, l'arrestation des Girondins, furent accueillis avec enthousiasme par les corps constitués, par les comités, par les clubs. On a vu, par le discours du Père Duchêne ci-dessus transcrit, qu'il appelait et même prévoyait ce dénouement.

La constitution de 93 était votée. Les armées de la République venaient de subir quelques échecs. Dans le sein de la Convention, il faut le reconnaître, le souci de la défense nationale ne se laissa jamais primer par aucun autre. Par décret du 12 juin, Brival avait été délégué pour visiter les manufactures d'armes du centre et particulièrement celle de Tulle, et activer par tous moyens la fabrication des armes. Sa mission fut bientôt étendue au renouvellement des autorités constituées, c'est-à-dire à l'organisation du gouvernement révolutionnaire. Il était à Tulle en juillet, puis en août, et attendait son collègue Lanot qui venait d'être délégué à son tour pour la levée de la première réquisition, à la suite du décret du 23 août ordonnant la levée en masse (2).

La présence de Brival surexcitait les soi-disant patriotes. Jumel, qui communiquait journellement avec lui, se montrait de plus en plus exalté et féroce. La masse du peuple, la partie honnête, qui était en majorité, commençait à être effrayée de l'oppression et de la cruauté de la Convention. Le tribunal criminel extraordinaire fonctionnait à Paris depuis le mois de

---

(1) *Extrait du registre des délibérations du conseil général d'administration du département de la Corrèze, réuni avec le conseil du district et le conseil général de la commune de Tulle. Séance du 30 mai 1793.* Tulle, F.-J. Vachot. Placard.

(2) Leurs missions durèrent pour Brival environ huit mois, et pour Lanot six mois. Ils réclamèrent pour leurs dépenses 64,000 livres. Comme on voit, ils pouvaient « sabler dur le champagne » en terrorisant le pays. *Compte rendu à la Convention nationale... par les cit. Brival et Lanot... de la dépense qu'ils ont faite pendant leurs différentes missions* (du 25 juin 1793 au mois de février 1794). Paris, Imp. nat., an III. — Sur les mœurs de Brival en mission, on peut consulter les *Mémoires de Dufort de Cheverny*, t. II, p. 243 et suiv., Paris, Plon, 1886.

mars et avait déjà fait tomber bien des têtes. Dans une des sections de Tulle, la motion fut faite de mettre en liberté la plupart des personnes détenues. Il faut voir comment le Père Duchêne, dans son journal, accueille cette proposition. Voici encore un extrait de cette feuille au sujet de la mort de Marat. L'article, tiré du numéro 8, sous la date du 19 juillet, est intitulé : « La grande colère du Père Duchêne contre la b.....sse qui a assassiné l'Ami du Peuple » :

Ah ! les Jean-F....es, les voyez-vous comme ils caracolent dans la plaine, comme ils hennissent, ils semblent déjà avoir victoire gagnée. Ils ne sont jamais plus contents que quand ils ont commis une scélératesse de plus. Eh bien ! f....e, à présent fiez-vous à ces sacrés minois de femme, avec leur ton mielleux, leurs pattes de velours. Non f....e, je n'ai jamais vu de belle chatte sans griffes. Et un tas de b....es d'imbéciles viendront me dire encore : que peuvent faire des femmes dans une révolution ? Mille millions d'un tonnerre ! sans les femmes et les filles des aristocrates, sans les onze mille vierges amoureuses des onze mille calotins réfractaires, nous serions déjà avancés d'un siècle dans la Révolution. Les unes sont demeurées dans leurs domaines pour procurer de l'argent à leurs maris et à leurs enfants émigrés, et pour soulever les domestiques et les paysans, les autres sont dans les grandes villes et surtout dans Paris qui jouent le rôle de p.....s pour séduire les jeunes amis de la liberté et pour tendre des pièges même à nos montagnards (mais de ce côté là, f....e, je leur en ratisse). Enfin, une b..,...sse sortie du sacré bercail de Proserpine s'est armée d'un poignard et assassiné l'Ami du peuple... » Il continue sur ce ton et arrive à ce qui se passe à Tulle : « ... Comment ! des b.....sses de fanatiques seront assises aux portes de leurs boutiques ou cramponnées à leurs croisées et regarderont les patriotes avec un ton ironique et elles ne voudront pas qu'on rabatte leurs airs insolens. Mercredi matin, elles étoient d'une joie de possédées. Il faut, f...re, qu'elles aient des correspondances secrètes. On arrête, on arrête des lettres, mais on f..t la main à côté et sous l'adresse de soi-disant patriotes, peut-être trouveroit-on ce qu'on cherche ! Comme on abuse le peuple ! Comme des Jean-F....es le carressent d'une main et lui f...ent des soufflets de l'autre, et ils voudroient qu'on ne dise mot pour leur laisser faire leurs tours de gibecières. Non, non, f...re, en arrivera ce qui pourra. Toujours surveillance, toujours vérité, toujours guerre aux membres de Départemens brissotins, girondins, feuillantins, toujours leur attacher le grelot au col puisqu'ils aiment tant rimer en ins... On dira qu'ils ont des femmes fanatiques, qu'ils sont liés avec des filles ci-devant nobles et qu'il pourroit se trouver parmi elles quelque Marie-Anne Charlotte Conday (sic). Mais, f...re, mourir de la main d'une b.....sse ou d'un Jean-F...re, pourvu qu'on meure pour sa patrie on s'en f..t. Encore un petit moment, et le peuple secouera ses oreilles et on verra si la mort de son ami sera vengée. »

Lanot était arrivé à Limoges à la fin du mois d'août. Il s'occupa fort peu de la levée de la première réquisition et beaucoup plus d'établir la terreur dans le pays. C'est à son nom qu'est attachée la responsabilité des actes sanglants qui épouvantèrent la Corrèze de frimaire à floréal. Il y apporta, en effet, une inouïe cruauté rappelée par le surnom de « la hyène » qui lui resta jusqu'à sa mort. Brival ne valait guère mieux, mais il fut plus avisé. Le vent semblait tourner. Il fut occupé ailleurs pendant cette terrible période. Présent, il n'eut pas été en désaccord avec son collègue en mission.

La Convention, par une loi du 17 juillet, avait ordonné que tous les titres féodaux seraient déposés dans les trois mois aux greffes des municipalités pour être livrés aux flammes. Ceux qui seraient déposés avant le 10 août devaient être brûlés ledit jour et le surplus à l'expiration des trois mois. La peine de cinq ans de fers était édictée contre tous ceux qui recéleraient ou refuseraient de livrer les actes de ce genre en leur possession. Le Département de la Corrèze n'envoya la loi aux districts, à fin d'exécution, que le 4 août. Deux districts seulement, ceux d'Uzerche et de Tulle, se mirent en mesure. Les autres municipalités n'avaient pas été prévenues à temps. Aussi, le 16 août, le Département prit un arrêté pour prescrire que le « brûlement se ferait dans tous les chefs-lieux de canton le 1er septembre (1). »

Le 1er septembre, en effet, eut lieu à Tulle cet autodafé. Les vénérables cartulaires de notre cathédrale, les papiers de l'évêché et des monastères, les archives des familles nobles furent amoncelés sur la place du Champ-de-Mars, et un fonctionnaire décoré de l'écharpe tricolore alluma l'irréparable incendie. Baluze du Mayne, qui fut témoin de cet acte de vandalisme, déclare que le fonctionnaire en question était d'ailleurs recom-

---

(1) *Extrait du registre des délibérations du conseil d'administration du département de la Corrèze. Séance du 16 août 1793.* Tulle, Vachot (1793). Placard.

mandable par ses connaissances et ses talents. Il est facile de
reconnaître Joseph-Anne-Vialle, procureur-syndic du district.
Il était assisté de son collègue et ami Jumel. Cette destruction
ne fut qu'un acte de haine aveugle, sans utilité, sans excuse. L'administration n'ignorait pas le précieux intérêt que présentaient
ces documents pour l'étude du passé. Quelque temps auparavant, elle avait chargé Baluze du Mayne d'en faire l'examen
et d'en extraire tout ce qui touchait à l'histoire, aux mœurs et
et aux usages du pays (1). La mission était à peine entreprise
qu'elle devint sans objet. Avec moins de précipitation, un
triage aurait pu du moins être fait, comme ailleurs où la loi
ne fut exécutée qu'avec tempérament. Rien ne pressait puisque
ces vieux titres confisqués par des lois antérieures étaient la
propriété de la nation. Mais tout fut brûlé sans discernement,
et il paraît même que la destruction ne fut pas limitée aux
archives ecclésiastiques et seigneuriales et que les archives
municipales eurent le même sort. Les papiers de la maison de
ville de Tulle, et notamment les registres consulaires tenus
pendant plus de deux siècles, ont en effet disparu à cette époque (2).

Nous l'avons déjà dit, la grande majorité de la population
était excédée des violences et des crimes du gouvernement;
mais les comités, les sociétés populaires, composés des plus
mauvais éléments, dominaient tout, conduisaient tout, même
les représentants en mission. Le 14 septembre, la Société républicaine de Tulle jugeait à propos de réchauffer le zèle de
Robespierre lui-même et du Comité de salut public : « ... Comité de salut public, tu dois nous entendre : ce ne sont plus
des menaces contre nos éternels ennemis ; ce sont des actions... Frappe, mais frappe vite et partout et garde pour 1794

---

(1) *Annuaire de la Corrèze*, année 1840, p. 133.

(2) Il ne reste des archives consulaires de Tulle qu'un seul registre
dit le *Livre noir*, recueil d'actes de notaires intéressant la ville.
Dans les inventaires antérieurs à 1789, on trouve mention de : un
grand coffre de bois où sont les papiers de la ville... trois grands
livres, deux couverts de noir et l'autre de parchemin où sont les
priviléges et contrats de ladite ville, ... les écussons des armoiries
de la dite ville pour porter aux processions, ... le cachet en argent
de ladite ville qui pèse trois deniers dix-neuf grains. (*Pièces manus-
crites*). Tout cela n'existe plus.

tes apologies et celles du peuple françois; raison, justice et vertu ne sont que dans le succès... Que signifie ce fulminant décret qui déclare la France en révolution, si rien n'en atteste la vérité que les trahisons et les royales manœuvres des conspirateurs... La Révolution ne sera complète que lorsqu'il n'existera plus sur notre sol épuré ni nobles, ni privilégiés, ni prêtres rebelles. Tu viens de décréter la levée en masse de la première classe des républicains; eh bien! qu'avant leur départ ils exterminent la première classe de leurs ennemis. Alors, seulement alors, finiront nos trahisons et nos revers; la Révolution sera cimentée et la patrie sauvée (1). »

Le livre de M. le comte de Seilhac donne les détails les plus complets et les plus poignants sur les pérégrinations de Lanot et de la guillotine dans la Corrèze, à Uzerche, à Meymac, à Brive, à Tulle. Nous pouvons passer rapidement sur ces horreurs. Il nous suffit de dire que l'atroce Jumel fut, dans les comités et dans son journal, le principal promoteur de ces sanglantes et inoubliables iniquités. Lorsque la hache joua pour la première fois à Tulle, faisant tomber la tête de deux prêtres, ce malheureux poussa la rage jusqu'à venir danser la carmagnole autour de la guillotine dégouttante de sang (29 septembre 1793). (2).

Il venait de fonder un nouveau journal ou plutôt de changer le titre et la périodicité du *Journal du Département de la Corrèze*. Le premier numéro de l'*Observateur montagnard* parut le 20 septembre 1793 (3). A la fin de ce mois, les missionnaires

---

(1) *Adresse de la Société républicaine de Tulle à la Convention nationale, du 14 septembre de l'an second...*(Signé : Vialle, président, Roussel et Borie, secrétaires). Tulle, Chirac, 1793.

(2) *Scènes et Portraits de la Révolution*, p. 542.

(3) *L'Observateur montagnard, journal du département de la Corrèze*, paraissait deux fois par semaine en cahier de huit pages in-8°, et était imprimé par Chirac. Le numéro 1 fut publié le 20 septembre 1793. On n'en connaît qu'une vingtaine de numéros. Dans ce même journal où Jumel tonnait contre tous les préjugés et toutes les superstitions, il recommandait à ses abonnés des recettes du genre de celle-ci : « Remède éprouvé pour la fièvre tierce : 1° une charge de poudre; 2° la valeur d'une gousse d'ail; 3° une prise de poivre; 4° une prise de suie de cheminée; on en fait une pâte avec de l'eau-de-vie et on l'applique au-dessus de la paume de la main avant que l'accès prenne et surtout au troisième accès. »

Brival et Lanot firent prendre au Comité de salut public de Limoges un arrêté contre les religieuses. L'arrestation immédiate de toutes les ci-devant religieuses même hospitalières et de charité était ordonnée. Bien plus, il leur était enjoint de se constituer prisonnières elles-mêmes. Une exception était introduite en faveur des septuagénaires, de celles qui s'étaient mariées ou qui se rendraient devant les Sociétés populaires pour adhérer par serment aux principes de la Révolution. Dans ces odieuses rigueurs, il y avait pourtant un reste d'humanité, mais dans la pratique il n'en fut tenu aucun compte. Le mariage ou la prison, même pour les plus âgés, prêtres ou religieuses, il n'y avait pas d'autre choix. Il en est qui faiblirent par crainte des souffrances, de la mort, se marièrent non sans scandale, mais sans bruit, honteusement. D'autres, plus lâches, commettaient le sacrilège avec éclat. L'évêque du département de la Dordogne, le citoyen Pontard, s'était présenté le dimanche 22 septembre à la Convention, accompagné de l'épouse qu'il s'était choisie dans la classe des sans-culottes. Il fut félicité par le président Cambon qui embrassa la jeune sans-culotte aux grands applaudissements de l'assemblée (1).

Jumel adressa au nouveau marié par la voie de son journal une épître qui est curieuse à reproduire pour donner une idée du talent poétique de l'auteur et de son manque de sens moral :

A Pierre Pontard, évêque de la Dordogne, sur son mariage
par J.-C. J.

Eh quoi d'honneur ! sans raillerie,
L'hymen te dicte ses sermens !
La future a des yeux charmans ;
Enfin, Pontard, tu te marie !
Le lieu, le jour, l'instant est pris ;
Hymen, Io ! fils de Cypris,
Accourez donc troupe brillante :
Du bon prélat, amours et ris
Charmez la soutane ondoyante
Et folâtrez dans son surplis.

---

(1) Réimpression du *Moniteur*, t. XVII, p. 627.

N'ai-je pas lu qu'aux murs de Trente,
Dont les saints Canons sont tombés,
L'Eglise, un jour intolérante
Interdit l'hymen aux abbés ?
A coup sûr l'Esprit-Saint qui pense
Très sagement sur tout cela,
N'honoroit point de sa présence
Le sanhédrin qui proposa
Cette impolitique abstinence,
Et quand il eut d'un ton discret
Rendu cet oracle imbécile :
Les temps sont changés, un Concile
Ne lutte point contre un Décret.

Poursuis donc ta noble entreprise ;
Trop tard, hélas ! tu la conçus :
Des coups mortels qu'elle a reçus
L'hymen eût garanti l'Eglise.
Ce sénat dont l'autorité
Ressaisit des biens solitaires
N'en doute pas, eût respecté
Des richesses héréditaires ;
Son arrêt n'a deshérité
Que d'impuissans célibataires :
Incroyable fatalité !
Les prêtres sans la chasteté
Seroient encore propriétaires.

Toi qui n'as point à t'accuser
Des rigueurs de leurs destinées,
Dans les douceurs de l'hyménée,
Tu dois bientôt te reposer.
Quel sort t'attend ! quel sort prospère !
Bon mari, bon prêtre, bon père,
Aimant beaucoup, rimant un peu,
Unis l'Autel et le Permesse,
Le plaisir, la gloire et la messe,
Massillon, David et Chaulieu.
Qu'à l'inquiète jalousie,
Ton cœur jamais ne soit ouvert,
Ta sainte épouse est à couvert
D'une coupable fantaisie.

Abuser messieurs les maris
N'est point rare ; et même au mépris
De ces profanes, le dirai-je ?
C'est ce qui se fait sans éclat ;

Mais troubler d'un léger ébat
La couche auguste d'un prélat
C'est commettre un noir attentat,
C'est effleurer le sacrilège.

Songe surtout que désormais
Le nœud très chrétien qui t'engage
De ton cœur léger, pour jamais
Doit chasser tout penchant volage.
Ce libertin qu'on nomme amour,
Quand son joug nous semble trop lourd,
En affranchit par un caprice,
Sur d'autres cœurs nous fait régner :
Mais l'hymen est un bénéfice
Très difficile à résigner (1).

Jumel se proposait, du reste, d'imiter cet exemple, et même de faire mieux. Il voulait, nous apprend Brival, contracter une union doublement philosophique, épouser une religieuse, mais il fut rebuté. Il jeta alors son dévolu sur une de ces malheureuses femmes nobles qui comme les religieuses n'avaient pas d'autre moyen d'échapper à la persécution et à la mort. Mme M....., d'Uzerche, sœur d'un émigré, avait obtenu sa liberté sous la condition de divorcer et de se marier avec un patriote. Comme elle ne se pressait pas de s'exécuter, les frères du Comité de salut public d'Uzerche la signalèrent au Père Duchêne. Elle était jeune et riche. La résolution du Père Duchêne fut aussitôt prise. Les moyens de réussir paraissaient simples. Il se fit délivrer un ordre d'arrestation contre elle par le Comité de Tulle. Muni de ces bans d'un nouveau genre, il se transporte à Uzerche, fait arrêter sa future. Elle est conduite devant le Comité. Jumel, qu'elle ne connaissait pas, assiste à la séance.

Laissons la parole à M. le comte de Seilhac qui a extrait ces détails des pièces originales :

« A l'arrivée de Mme M......, il se fit un long silence qui fut interrompu par les chuchottements de plusieurs membres. Mme M...... paraissait fort déconcertée... Un membre du Co-

_____

(1) *L'Observateur montagnard*, du 1er octobre 1793, n° 4.

mité prit la parole. Il lui rappela qu'elle avait promis de faire divorce avec son mari et d'épouser un sans-culotte. Il lui demanda si elle avait fait un choix. Elle répondit que non. En ce cas, reprit-on, nous vous proposons le Père Duchêne qui est un bon patriote. Il n'est pas ici, mais nous vous le ferons voir, et le Comité vous invite à l'épouser. Si ce parti vous convenait, vous pourriez faire connaissance avec ce patriote dans une auberge, chez Pommier. La M...... répondit qu'elle ne refusait point, mais qu'il lui semblait plus convenable que les entrevues eussent lieu chez son oncle à Faugeras. Après discussion, il fut décidé qu'elle irait dîner chez Pommier et se rendrait de là à Faugeras. On lui donna pour *écuyer* le Père Duchêne qu'on lui présenta comme un étranger. Le Père Duchêne lui offrit son bras, elle l'accepta et ils sortirent ensemble. Lorsqu'ils furent devant la maison d'arrêt des femmes, elle y entra et fit dire au Père Duchêne qu'elle s'était trouvée mal. »

» Mme M......, » ajoute M. de Seilhac, « avait-elle reconnu son écuyer ? Dans le trajet du Comité à la prison, l'écuyer s'était-il déclaré par quelque galanterie à la façon du Père Duchêne ? Mme M...... n'était-elle pas résolue dès sa comparution à repousser l'invitation du Comité ? Quoiqu'il en soit, elle laissa son cavalier à la porte et préféra la prison au geôlier. Le projet matrimonial du Père Duchêne échoua, mais son mandat d'arrêt eut son plein effet. La Révolution n'y perdit rien (1). »

A cette époque, le Comité de surveillance de Tulle avait délégué Jumel et Roussel pour rechercher Lidon et Chambon, ainsi que leurs complices, c'est-à-dire tous ceux qui étaient soupçonnés de quelque sympathie envers les Girondins. Ils firent à cette occasion de nombreuses arrestations à Lubersac et à Uzerche. Le Comité, tout en approuvant leur conduite, estima qu'ils n'avaient pas montré assez de vigueur, et chargea Jumel de se transporter de nouveau à Uzerche et à Lubersac pour procéder à d'autres arrestations et tâcher de découvrir le traître Chambon (15 novembre). Les Girondins de la Corrèze étaient naguère les amis de Jumel, mais nous avons vu comment il les traitait même avant l'insurrection du 31 mai. Dans

(1) *Scènes et Portraits de la Révolution en Bas-Limousin*, p. 514.

l'*Observateur montagnard* du 11 octobre, il disait encore :
« Ah ! f....e, comme je commence à respirer. F....e, je ne suis
gai que lorsque le peuple est content et il a grand sujet de
l'être... puisque les Lidon, les Chambon et les Pénières vont
faire une très humble révérence à la guillotine... Oui, voilà
l'époque de la grande carmagnole. Si nous n'avons pas bientôt
la paix, les aristocrates de dedans sont f...us. Nous sommes
les bons; gare la bombe ! f....e, c'est le Père Duchêne qui t'en
avertit. »

Malgré toutes ces turpitudes, Jumel, on peut s'en étonner,
n'avait encore abjuré ni son état de prêtre ni sa religion. Il
officiait avec le bonnet rouge et la pique. Cette infâme comédie
n'avait que trop duré. Le 26 brumaire (16 novembre 1793), dans
la séance du Conseil général du Département, il donna, le premier dans la Corrèze, sa démission de ministre catholique et
fit profession d'athéisme. « Je jure, » dit-il, « de ne reconnoî-
tre d'autre Evangile que l'acte constitutionnel, d'autre divinité
que la liberté, d'autre religion que la vertu, d'autre autel que
celui de la patrie. » Le Conseil applaudit à cet acte civique en
donnant des éloges au patriotisme et aux talents reconnus du
citoyen Jumel, et considérant que la publicité de cette abjura-
tion peut opérer le plus grand bien dans le département, il
ordonne que le procès-verbal de la séance sera imprimé, dis-
tribué, publié et affiché. Lanot récompensa Jumel en le nom-
mant le jour même membre du District (1).

Le temple de la Raison venait d'être inauguré à Tulle, et,
dans le même numéro de l'*Observateur montagnard*, Jumel
célébrait cet évènement par un hymne patriotique :

> François! quelle métamorphose
> Transforme nos saints en lingots !
> La raison est enfin éclose,
> Elle anéantit les cagots ;
> De leurs ridicules mystères
> Effaçons jusqu'au souvenir ;
> Que notre dogme à l'avenir
> Soit d'être heureux avec nos frères.
> François ! la vérité qui brille à tous les yeux,
> La liberté, l'égalité, voilà quels sont nos Dieux !

---

(1) L'*Observateur montagnard*, nº 17.

Voûtes si longtemps profanées
Par le plain-chant des calotins,
Tu ne seras plus parfumée,
Que par l'encens républicain,
Réjouis-toi ; tes destinées
Loin d'un clergé sot et fripon,
A la nature, à la raison
Seront désormais consacrées.
François ! la liberté qui brille à tous les yeux,
La liberté, l'égalité, voilà quels sont nos Dieux !

. . . .

Malheureusement, son exemple ne resta pas sans imitateurs. Il y eut quelques autres renégats non moins cyniques que lui.

Depuis l'arrivée de Lanot, en septembre, le Comité de salut public, qui avait pris le nom de Comité de surveillance, s'était pour ainsi dire constitué en permanence. Ses principaux membres étaient : Jumel, Juyé, Vialle, Roussel, Malès, Sauty. Il ne s'écoulait guère de jour sans que des arrestations ne fussent ordonnées, et les membre se donnaient le plaisir de les opérer eux-mêmes, de faire les perquisitions domiciliaires, de fouiller les correspondances. Les prisons regorgeaient et les détenus des deux sexes y subissaient, par ordre, les plus dures privations et les plus cruels traitements. Mais l'opinion publique protestait parfois ; quelques gens plus humains dans le camp patriote importunaient l'administration pour obtenir des adoucissements, des mises en liberté. Les prisons de Limoges étaient dans le même cas, et pour enlever les détenus à un milieu où ils trouvaient encore quelques timides défenseurs (on ne saurait voir d'autre motif), le Comité de Limoges proposa à celui de Tulle un échange de prisonniers. Le 15 brumaire (5 novembre), le Comité de Tulle accepta. Voici les conditions qu'il offrit au Comité de Limoges : « La première, que que ce troc se fera en qualité comme en quantité... ; la seconde, que vous commencerez l'expédition. Il nous est impossible de trouver des voitures, à trente-six portières s'entend (1), pour charrier ceux ou celles que le virus aristocratique a paralysé ou rendu trop faibles pour faire la route à pied (2). »

(1) C'est-à-dire des charrettes.
(2) *Scènes et Portraits de la Révolution en Bas-Limousin*, p. 370.

Les conditions furent acceptées. Le 4 frimaire (24 novembre), six charrettes de prisonniers, parmi lesquels des vieillards, des infirmes, des femmes, des enfants, furent mis en route sous la conduite d'Imbert, bénédictin défroqué, qui pouvait lutter avec Jumel pour l'infamie et la férocité. Les souffrances, les ignominies de cette route, ce martyre qui dura six jours, sont indicibles. Des animaux poussés à l'abattoir par un égorgeur... la comparaison est encore trop faible.

Les Comités (1), la populace de Tulle attendaient ce convoi dans une exaltation sauvage. Des cannibales se préparant à scalper les crânes de leurs ennemis ne montrent pas plus de furie. L'impatience, l'ardeur étaient telles qu'il fallut distraire cette tourbe, l'amuser pour calmer sa fièvre. Jumel l'invita à une fête, une farandole (l'expression est de lui-même). Ceux qui ajoutèrent ce nouveau crime à la liste de leurs forfaits ont eu l'audace de nous en laisser le récit. Il n'y a qu'à les laisser parler :

Le huit frimaire (28 novembre), le peuple de Tulle s'est levé en masse, il s'est porté dans la cathédrale et là, de sa massue dirigée par sa volonté, il a abattu toutes les images de la superstition qui en imposoient depuis tant de siècles aux femmes et aux enfans; ce n'est pas assez, il a voulu voir s'il étoit difficile de faire des grimaces sacerdotales, afin de se convaincre encore plus du mépris qu'il en avoit justement conçu. Tous les membres de la Société populaire, couverts du signe de la liberté (*c'est-à-dire du bonnet rouge*), se sont métamorphosés tout à coup en diacres, en prêtres et en évêques. Revêtus des ornements d'église, armés de croix renversées, de chandeliers, de cierges, d'encensoirs, ils ont parcouru toutes les rues, escaladé les montagnes et ont répandu des bénédictions à grands flots. A leur voix les bonnes vierges et les saints sont sortis de leur niche, mais ils se sont cassé le nez parce qu'ils n'étoient pas accoutumés à mettre le pied par terre. Les clubistes en chappes noires portoient un sarcophage représentant le fanatisme et pleuroient le sort vraiment déplorable de ce pauvre malheureux qui s'étoit engraissé du sang de vingt millions d'hommes. Ce sarcophage étoit surmonté d'un bonnet carré avec deux oreilles d'âne, symbole de l'éteignoir du bon sens des théologiens, du grimoire des prêtres,

---

(1) Lanot venait de nommer un Comité central composé de treize membres choisis sur une liste qui lui avait été présentée par la Société populaire de Tulle. (Arrêté du 19 novembre).

qui faisoient paroître ou disparoître le diable à leur volonté, c'est-à-dire le rituel ; et de cet épistolier qui annonçoit au peuple, pour leur bonne nouvelle tous les dimanches, qu'il seroit damné en récompense de ce qu'il avoit bien sué toute la semaine. Deux prêtres armés de longues piques rioient du bout des dents et auroient volontiers percé l'autre côté du corps de leur bon Dieu pour le punir de ce qu'il ne faisoit pas de nouveaux miracles en leur faveur.

Tandis que la procession marchoit depuis trois heures sans que le Père Duchêne, qui en étoit le conducteur, ait fait un seul pas en arrière, le commissaire député par la Société populaire, pour nous avertir de l'arrivée de nos frères de la Haute-Vienne qui nous apportoient cinquante aristocrates en échange de cinquante autres de la Corrèze, vint nous annoncer que les rouliers chargés de cette mauvaise marchandise étoient près d'entrer sur la commune. Aussitôt les prêtres de la Raison doublèrent le pas pour aller à la rencontre des braves sans-culottes de la Haute-Vienne, et les charrettes furent découvertes à leur approche ; mais quel coup d'œil pour les détenus en apercevant de loin tant d'hommes revêtus de riches ornements d'église ! Ils s'imaginèrent d'abord que tous les saints du paradis étoient descendus du ciel pour venir à leur secours, et ils commencèrent à entonner le *Te Deum;* mais leur musique changea bientôt de ton et leur visage de couleur lorsqu'ils entendirent, à mesure que la milice céleste s'avançoit, *Ça ira* et *Requiescat in pace;* et surtout lorsqu'ils reconnurent sous les étoffes d'or et d'argent les ouvriers de la manufacture des armes qui sembloient leur annoncer par leurs visages barbouillés de noir qu'il falloit reposer leur tête sur leurs enclumes et de là passer aux enfers.

Les sans-culottes de Limoges et ceux de Tulle se donnèrent l'accolade fraternelle au milieu des cris mille fois répétés : « Vive la République ! » Les ornements passèrent des épaules des fantassins sur celles des cavaliers et la marche de la procession s'ouvrit avec une nouvelle pompe. On promena les aristocrates à travers les rues, on leur fit saluer la guillotine, on fit briller la lanterne à leurs yeux, et ensuite on les déposa dans l'antre de la réclusion.

Le lendemain.... la séance de la Société populaire fut ouverte à huit heures du matin par la lecture d'un paquet de l'évêque de la Corrèze qui envoyoit ses patentes d'hypocrisie et sa démission d'entrepreneur de crème fouettée... A une heure, chaque sans-culotte se rendit dans la ci-devant église des Récollets, apportant son plat et son vin avec lui, tous partagèrent comme frères : on chanta des hymnes civiques, on but aux mânes de Pelletier et de Marat...

Il existoit encore à trois heures le point central du charlatanisme et à quatre heures il n'exista plus. Tout le peuple se porta à un calvaire à peu près semblable à celui qui avoisine Paris, et là arriva un événement que les prophètes avaient oublié de prédire : Hérode, Caïphe, les juifs, et le bon laron et le mauvais laron, et l'abbé Jésus et le petit valet des bourreaux furent mis au feu. Jamais flammes ne furent plus actives, chaque étincelle étoit comme un flambeau qui portoit la lumière dans l'âme des assistants. Ils dansèrent autour du foyer, ils chantèrent la carmagnole et firent des libations en l'honneur du genre humain régénéré et ramené à l'empire de la raison... (1).

C'était signé : Juyé, président, Dulac, Jumel, secrétaires.

Jumel fit une réception chaleureuse à Imbert auquel il décerna le surnom de Lunette (euphémisme de guillotine) et publia à cette occasion : « *La grande ribotte du père Duchène avec les sans-culottes de Limoges et sa grande conversation avec l'intrépide Lunette de la Haute-Vienne.* »

La pièce débute ainsi :

« Courage, courage, mes bons b....es, amenez-nous tous

-----

(1) *Adresse à la Convention nationale par la Société populaire de Tulle.* — Baluze du Mayne (*Annuaire de 1826*) nous donne quelques autres détails : « Pendant les journées des 27 et 28 novembre 1793 la cathédrale et les autres églises furent dévastées, les corps saints qui y reposaient, les vases sacrés et tous les objets appartenant au culte, profanés : le calvaire qui couronnait le Puy-Saint-Clair, entourait le cimetière commun, et qui, outre la chapelle des Pénitents bleus richement décorée, se composait de sept oratoires représentant les principales stations de la passion et de la mort de N.-S. Jésus-Christ fut détruit; les statues qui étaient de grandeur naturelle, et la plupart remarquables par leur beauté, mises en pièces, livrées aux flammes et leurs cendres jetées au vent. Il existait encore un objet de la vénération publique échappé aux perquisitions de ces dévastateurs : c'était le saint sépulcre qui était placé à l'extrémité du bras gauche de la cathédrale, au-dessous des orgues; ils s'y portèrent en foule le 29 : le fort grillage en fer qui en défendait l'accès fut forcé et les belles statues de pierre dont il était composé furent brisées sous les coups redoublés des lourds marteaux dont quelques-uns s'étaient armés. Les restes mortels du vicomte des Echelles, renfermés dans un monument d'honneur qui lui avait été élevé sous cette même voûte avec cette épitaphe aussi modeste que religieuse : *Kⁱᵃ serba tuum per secla Ademarum*, furent arrachés au repos dont ils jouissaient depuis des siècles et foulés aux pieds. — Cette église cathédrale était cependant demeurée entière; mais d'autres hommes animés du même esprit que les précédents conçurent, l'année suivante, le projet de la détruire de fond en comble. Leur premier essai ne fut pas sans résultat : la chute du dôme qui s'élevait majestueusement au-dessus du chœur et au centre de la croix de l'édifice, qui faisait par sa hardiesse et son ordonnance l'admiration des connaisseurs, ne fut pas produite par l'effet du hasard ou de sa vétusté; et il tint à bien peu de chose que le surplus de la basilique, la pyramide même du clocher, n'éprouvassent une semblable catastrophe. »

ces descendants de M. de Pourceaugnac et nous aurons soin de les mitonner jusqu'au grand jour où ils recevront les tendres caresses de la guillotine. » Le reste à l'avenant.

Cinquante prisonniers de Tulle partirent pour Limoges le 1er décembre (1). Jumel se fit désigner pour les conduire. Il leur imposa les mêmes tortures, les outrages, les coups, la faim qu'avaient subis ceux dont ils allaient prendre la place. Arrivés à Limoges, on les mena devant la guillotine et on fit trancher en leur présence la tête d'un prêtre pour leur montrer le sort qui les attendait.

Jumel n'avait plus qu'une turpitude à commettre. Il s'y prépara à son retour de Limoges. Le 10 nivôse (30 décembre), il se mariait dans le temple de la Raison avec une jolie fille du peuple, nommée Jeanne Peuch. C'est elle qui avait représenté la déesse lors de l'inauguration de cette parodie de culte. La cérémonie se fit solennellement au milieu des piques et des bonnets rouges. Brival monta dans la chaire de Mascaron et prononça un discours aussi infâme que ridicule et indécent. En voilà quelques passages :

« .... Puisque cette divinité (la Raison) nous a appris que les sermens, que les vœux contre nature sont criminels et que nous savons tous que celui qui est coupable, parce qu'il jure de commettre un crime, commet un nouveau crime en l'exécutant; rendons hommage à ce citoyen qui longtemps enchaîné par un serment crimir.l dans les liens de l'abstinence, auroit souvent occasionné des fêtes à Gênes ou à Venise (2) s'il en eût été le doge, et répandra bientôt dans le sein de notre concitoyenne le fruit de tant de privations..... Ce philosophe nouveau, pour détruire à la fois tous les préjugés de l'un et l'autre sexe, vouloit faire jouir une jeune anachorète du fruit des maximes qu'il ne cessoit de répandre; mais alors consultant

(1) Le Comité de surveillance regrettait sa proie, et, le 28 novembre, il prenait une délibération pour inviter le Comité des neuf de la commune de Tulle à créer un tribunal révolutionnaire pour juger les détenus avant leur départ.

(2) A Gênes et à Venise, on pèse tous les ans le Doge, et lorsqu'il paroît par le poids qu'il a engraissé, c'est une réjouissance publique. (Note de Brival).

plus le bien qu'il pouvoit faire dans l'opinion publique, que le sentiment qui l'animoit, il présentoit son cœur et sa main à une victime à peine décloîtrée et qui meurt de regret de l'avoir rebuté. »

S'adressant à l'épouse : « Et toi sur qui se sont fixés en dernière analyse les regards et les tendres vœux de ce philosophe moderne, jouis longtemps de ton bonheur, goûte à longs traits les plaisirs délicieux qui t'attendent dans les savoureuses étreintes que les démons de l'ancien régime ne sauroient enchaîner..... (1). »

Nous ne pouvons suivre tous les événements de cet horrible an II auxquels Jumel fut intimement mêlé. Il faudrait, jour par jour, analyser les actes d'une administration centrale qui terrorisait par terreur (2), des comités sanguinaires, des clubs ivres de crime. Nous ne nous arrêtons qu'aux plus saillants en apportant quelques renseignements nouveaux pour l'histoire de cette triste période.

Au mois de mars, les malheureux prêtres détenus dans les prisons devaient être transportés. Le Conseil de district se réunit pour délibérer sur les mesures à prendre à leur égard. Jumel exposa que les réfractaires s'étaient procuré beaucoup d'effets qui, par l'application qui devait en être faite aux besoins de la République, étaient sujets au séquestre, que peut-être ces ennemis de la Révolution se croiraient permis d'emporter avec eux des meubles et de l'argent et qu'il était urgent de s'opposer à cet enlèvement; sur quoi, requérant l'agent national, le

---

(1) *Copie du discours prononcé dans le temple de la Raison le dixième nivôse de l'an II de la République une et indivisible, par le citoyen Brival, représentant du peuple, à l'occasion du mariage du citoyen Jumel, ci-devant vicaire épiscopal, connu à Tulle sous le nom de Père Duchêne.* Tulle, Vachot, s. d.

(2) L'administration départementale se composait d'un Conseil général nommé dans chaque district par des électeurs élus eux-mêmes dans les assemblées primaires des citoyens actifs. Ce Conseil élisait dans son sein le Directoire (commission exécutive). Les nuances diverses de l'opinion étaient représentées dans ce Conseil; il y avait une majorité et une minorité, comme dans les Conseils généraux d'aujourd'hui. Ce fut toujours le corps le plus modéré, mais il était entraîné par les Conseils de District, les municipalités et surtout par les clubs.

District ordonne que six commissaires se rendront dans la maison de réclusion et saisiront tous les effets, assignats, numéraire et meubles des dits réfractaires. La commission fut rigoureusement exécutée. On enleva aux prisonniers jusqu'à des pièces de deux liards et d'un liard. La délibération est signée : Juyé, vice-président; Sauveur Vialle (1), agent national. Voici comment un des membres annonçait la nouvelle à un de ses amis :

Tulle, le 26 ventôse, l'an 2ᵉ (16 mars 1794).

..... Le patriotisme ne peut augmenter dans cette commune, les patriotes font bien regorger aux aristocrates de toutes les couleurs tout ce qu'ils ont pu leur faire dans le temps. Plus de quartier, il faut qu'ils soient tous écrasés par le char triomphant de la liberté et de l'égalité. Il y a trois jours que nous avons fait une expédition à Bordeaux d'une soixantaine de calottins emportant presque tous un brevet de v....e dans leurs culottes; nous avons eu soin de leur laisser ce paquet, mais nous avons eu aussi celui de leur faire laisser tout ce qu'ils avoient en sus de l'ordonnance. Cela a produit une petite somme d'environ quatre-vingts mille livres qui seront remises aux sans-culottes..... Salut, amitié, fraternité. — DULIGNON.

Dulignon mentait indignement en essayant de noter d'infamie de malheureuses victimes et en voulant persuader que les soixante calottins avaient été trouvés nantis de 80,000 livres. Nous avons sous les yeux les pièces originales. Tout ce que possédaient les détenus se composait de 657 livres, 16 sols, 6 deniers, en numéraire, 7,124 livres, 10 sols, en assignats, six montres en or, treize en argent, deux en cuivre, un cachet en argent, une tasse en argent, deux paires de boucles de souliers en argent, vingt couteaux et deux rasoirs.

Voici les noms de ces martyrs de la foi qui n'ont pas encore été publiés :

Charles Bosche. — J.-B. Viales. — J.-B. Dulac. — J. Buisson. — J.-F. Viales. — Gilles Brousselou. — François Orlianges. — Deprac. — Menpontel. — Denis Deschamp. — Château. — Gabriel Pradel. — Terracol. — Albier. — Antoine Debone. — Antoine Bordes. — Lignier. — Brevilier. — Farges. — J. Lacombe. — Michel Mares. — Gouger. — Etienne Verdier. — Jacques Reynal. — Nicolet. — Espinasse. — Massainguiral jeune. — Thériat. — Moussours. — Begouet. —

---

(1) Joseph-Anne Vialle qui avait répudié ses prénoms de chrétien.

Savy. — Maschat jeune. — Duchassang. — Massainguiral. —
Leygniac. — Ulmet. — Bardon, de Tulle. — Lagier. — Jean-
Pierre Lagier. — Maschat cadet. — Lagier, ci-devant béné-
dictin. — Dubach, d'Argentat. — Lacombe aynê, de Saint-
Privat. — Jean Foulioux. — Boutaut. — Roussel. — Mesna-
ger (1).

---

(1) Nous avons conservé l'orthographe du document officiel. Il
dut y avoir d'autres convois de prêtres transportés dans le plus
prochain port de mer, en vertu de la loi du 26 août 1792, pour être
ensuite déportés. Comme complément de notre liste, voici les noms
des prêtres du diocèse de Tulle qui furent à cette époque détenus
à Bordeaux et à Blaye et sur les vaisseaux de la rade du Port-
des-Barques. Ils ont été relevés avec soin par M. l'abbé Manseau,
curé de Saint-Martin-de-Ré. — Gilbert-Marien Achard, né à Mille-
vaches, curé de Beynat. — Jean Albier, prêtre à Tulle. — Antoine
Audinet, prêtre cordelier, né et demeurant à Beaulieu. — Blaise
Bardon, aumônier, né et demeurant à Tulle. — Blaise Barrier, curé
à Bort. — Paul-Pierre Beynier. — Charles Bosche, curé de Chava-
nac. — Gilles Broussouloux, curé de Tarnac. — Pierre Buisson
aîné, prêtre récollet, et Jean Buisson, son frère, prêtre, demeurant
à Maussac. — François Ceyrat, curé à Ligneyrac. — Antoine Cha-
nut, sulpicien à Tulle. — François Chartier, prêtre. — Pierre-Jean-
François Château, prêtre. — Pierre-Philippe Cornil de la Guérenne,
né à Saint-Aulaire, aumônier au Saillant-de-Voutezac. — Antoine
Delfaud, prêtre. — François Delfaud, curé de Bassignac-le-Haut.
— Denis Deschamps, prêtre, feuillant, à La Celle. — Jean-Baptiste
Dubac, prêtre communaliste. — Alexandre Deschassant, curé à Pri-
vat-le-Centre. — François Dulmet, prêtre, né et demeurant à Saint-
Basile-en-Brivezac. — Jean Farges, curé. — Fontaine, curé à Don-
zenac. — Jean-Baptiste Fouilloux, curé à Pierrefitte. — Joseph
Garnes, curé à Reygades. — Pierre Gouyon, né à Juillac, vicaire à
Condat. — Raymond Gramat, vicaire à Sainte-Féréole. — Guil-
laume Juéry, curé à Champagnac. — Jean-Joseph Lacombe, prêtre,
bénédictin, né à Saint-Privat, mort à l'hôpital Saint-André de
Bordeaux le 22 mars 1794. — Gaspard Lageneste, prêtre à Ussel.
— Pierre Lagier, prêtre, né à Tulle. — Jean-Pierre Lagier, prêtre
bénédictin, né à Tulle. — Pierre-André Latreille, prêtre à Brive,
(le célèbre entomologiste). — Jacques Lavaur (de Sainte-Fortu-
nade), chanoine à Tulle, mort à l'hôpital Saint-André le 2 mars
1795. — Pierre Lignier, prêtre à Laguenne. — Michel Mares,
prêtre. — Léon Maschat cadet, prêtre à Tulle. — Léonard Maschat
aîné, aumônier à Tulle. — Massainguiral, Annet, né à Tulle, prêtre. — Jean-Joseph Massainguiral, né à Tulle, aumônier de Sainte-
Ursule. — Jean-Géraud Mesnager, prêtre. — Jean-Joseph Menpontel, prêtre. — Jean-Baptiste Moussours, vicaire de Saint-Pierre de
Tulle, mort à l'hôpital Saint-André. — Gilbert Nicolet, procureur
général des Bernardins à Tulle. — François Orlianges, vicaire à
Tarnac. — Gabriel Pradel, chanoine à Uzerche. — Antoine Rous-
selle. — Jean-Joseph Sapientis, chanoine à Brive. — Jean Savy,
prêtre à Tulle. — Pierre Terracol, vicaire à Tarnac. — Denis Thériat, diacre à Tulle. — Jacques-Fr.-Nic. Tournier, né à Turenne,
vicaire à Perpezac-le-Blanc. — Valette, curé à Saint-Pardoux-l'Orti-
gier. — Etienne Verdier, vicaire à Gimel. — Joseph Vialle, prêtre
à Tulle. — Jean-Baptiste Vialle, vicaire à Bort.

La mission de Brival et de Lanot avait eu pour résultat de faire tomber douze têtes sous le couteau révolutionnaire. La guillotine joua d'abord à Uzerche, le 19 septembre, pour le mendiant Picharou et passa par Meymac, Brive et Tulle, c'est-à-dire dans les quatre districts. Ses dernières victimes furent MM. Bonnet de la Chabanne et d'Arche, exécutés à Tulle, le 5 avril 1794 (1). Cette besogne faite, les représentants du peuple étaient partis. Ils avaient compris que l'opinion publique n'était pas avec eux. En dehors des meneurs des sociétés populaires, et de quelques scélérats, ils ne trouvaient ni enthousiasme, ni sympathie. L'exécution du vertueux d'Arche avait eu lieu devant une population morne, attristée, bien près de s'indigner. Beaucoup de représentants avaient rapporté à Paris cette impression que la province ne voulait plus d'exécutions. Mais les prisons de Tulle regorgeaient de détenus. Nous avons dit qu'ils y subissaient les traitements les plus barbares. Ils devaient se nourrir avec leurs propres ressources et quand elles étaient épuisées, ils souffraient la faim. C'est un républicain avancé, Bardon, l'auteur du *Tableau du Robespierrisme*, qui nous apprend que quatre détenus moururent de faim dans la prison du Collège. On a peine à croire à un fait aussi monstrueux. Il paraît pourtant exact, n'ayant pas été démenti (2). Le Comité de salut public trouva le moyen de vider

---

(1) Les exécutions révolutionnaires qui eurent lieu dans la Corrèze sont les suivantes : 1º Uzerche, 19 septembre 1793, Besse, dit Picharrou; 2º Tulle, 30 septembre, Labrue et Boin, prêtres; 3º Meymac, 23 décembre, Lafon, Audin, Pradelou; 4º Meymac, 9 janvier 1794, Bunisset, Ant. Mathieu; 5º Brive, 14 février, Charles de Lafilolie, Marthe Segeral veuve Loubignac; 6º Tulle, 5 avril, François d'Arche, Antoine Bonnet de la Chabanne.

(2) Voilà le passage : « On se faisoit un jeu de les insulter et de les faire servir de jouet à l'insolence et à la brutalité; ils étoient privés des alimens nécessaires, des douceurs les plus innocentes de la vie, entassés les uns sur les autres, privés de respirer l'air pur et libre et exposés à contracter des maladies contagieuses, on ne leur permettoit pas même de satisfaire les besoins les plus pressans de la nature; il étoient volés sans pudeur, abandonnés sans pitié dans leurs maux, livrés à toutes les horreurs de la faim et du désespoir qui ont fait périr quatre malheureux pères de famille. » Et en note : « Quatre sont morts de faim à la maison d'arrêt du Collège. Teyssier étoit alors commissaire. » *Tableau du Robespierrisme*, *imprimé par ordre de la Société populaire de Tulle*. Tulle, Chirac, an III, p. 14.

les prisons de province. Il ordonna d'envoyer les détenus au tribunal révolutionnaire de Paris. Le 27 germinal (16 avril), Couthon, au nom du terrible comité fit adopter un décret de police générale dont l'article premier portait que les prévenus de conspiration seraient traduits de tous les points de la République au tribunal révolutionnaire de Paris. Ce décret fut étendu le 18 floréal (7 mai) à tous les crimes contre-révolutionnaires (1). Dès lors, la province fut appelée à alimenter la guillotine parisienne. Cette loi ne fut pas exécutée partout avec le même zèle. Certains départements y apportèrent du retard, d'autres la mirent en oubli. Le triumvirat de la Société populaire de Tulle (Jean-Baptiste Juyé, Sauveur Vialle et Jean-Charles Jumel) ne permit pas qu'elle restât lettre morte. Un nouveau missionnaire venait d'être envoyé dans la Corrèze. C'était Roux-Fazillac, de la Dordogne, ci-devant marquis et par conséquent d'autant plus violent. Il avait reçu le mandat de fonder à Souilhac, près Tulle, la manufacture d'armes dite de la Montagne (2). Il s'occupa en même temps d'affermir le régime déjà chancelant de la terreur. La Société populaire l'appela dans son sein, le jour où elle discutait le renvoi des prisonniers à Paris. Sauveur Vialle fut rapporteur, il se montra tellement violent qu'on lui reprocha, après thermidor, d'avoir « terrifié » le représentant lui-même. Les conclusions furent d'ailleurs votées et un arrêté fut pris en conséquence par les corps administratifs. Trente-cinq détenus furent expédiés à Fouquier-Tinville. Nous ne sommes pas fixés sur la date du départ, mais il dut avoir lieu vers la fin de juin, car le rapport de Vialle était appuyé sur la loi du 22 prairial (10 juin). C'est la loi qui avait réorganisé le tribunal révolutionnaire, supprimé la défense, les auditions de témoins, toutes les garanties des accusés. En tout cas, les détenus étaient arrivés à Paris avant le 16 messidor (4 juillet), puisque l'un d'eux fut condamné à cette date.

M. de Seilhac n'a pu retrouver aux archives départementales

---

(1) Réimpression du *Moniteur*, t. XX, p. 224, 234.

(2) Il créa en effet cette manufacture par arrêté du 13 thermidor an II.

la liste officielle des trente-cinq détenus (1), mais il s'est procuré les noms de trente-quatre. Voici ces noms :

1° Melon de Pradou, 2° Lacoste, 3° Servientis, homme de loi, 4° Meynard-Fourtou, 5° Faugeyron, 6° Sartelon, 7° Lagarde-Prailloux, 8° Saint-Hilaire-Favart, 9° du Chambon, 10° Ch. de Laprade, 11° l'abbé Melon, 12° Rabanide, homme de loi, 13° Sudour, procureur, 14° Brossard père, 15° Brossard fils, 16° Albier fils aîné, 17° Soustre aîné, 18° Montbrial, 19° Benoit de Lescurotte, 20° Meynard de Cueille, 21° Villeneuve-Chambéry, 22° Marcillac-Combret, 23° Bournazel, 24° Ludière, homme de loi, 25° Chaumont, 26° Daubech, médecin, 27° Froment, 28° Braconnat, 29° de Viane, 30° Chabrignac, 31° la Favière (Mad. Brossard), 32° la Darluc (Mad. Vᵛᵉ Darluc, née de la Fagerdie), 33° Laval (Mad. de la Fagerdie), 34° de Bournazel (Mad.)

Madame de Bournazel ne partit pas par suite d'un incident raconté par M. de Seilhac (2). Un autre détenu fut désigné à sa place par le sort. Il reste donc trente-trois noms connus. Nous avons découvert les deux noms qui manquent, à l'aide du *Moniteur* et du *Bulletin du Tribunal révolutionnaire*, et nous les donnerons tout à l'heure. Ces infortunés furent déposés à la Conciergerie en attendant leur jugement. On sait ce que c'était que la captivité dans les horribles caveaux de cette prison, appelés les chambres de paille, dont un conventionnel lui-même, Paganel, disait dans la séance du 9 brumaire an III : « L'homme le plus coupable expie autant de fois son forfait qu'il compte d'heures dans ces tombeaux affreux... Lorsqu'il y descend, il a le droit de dénoncer la

---

(1) Beaucoup de pièces officielles de cette époque ont disparu des dépôts publics ou n'y sont pas arrivées. Il dut y avoir à Tulle d'autres mouvements de prisonniers. Il semble résulter d'une pièce publiée par M. de Seilhac (p. 705) qu'il y eut un second échange de suspects avec Limoges. La pièce est du 4 germinal, sans date d'année, mais se rapporte évidemment à l'année 1794, puisque le calendrier républicain n'était pas en usage à la date correspondante de 1793. — On relève dans les condamnations du tribunal révolutionnaire plusieurs noms corréziens qui ont pu figurer sur les écrous de Tulle, entre autres : 28 germinal, J. Decous, âgé de 70 ans, natif de Treignac, ex-curé de Neuvic, département de la Corrèze ; 4 thermidor, J.-J. Pestels, âgé de 49 ans, né à La Chapelle-aux-Plas, ex-chevalier de Malte, etc.

(2) *Scènes et Portraits*, p. 618.

société à la nature et d'invoquer contre les hommes son éter-
nelle loi... L'homme qui attend son arrêt dans les prisons de
la Conciergerie eut béni sur son seuil épouvantable la main
bienfaisante qui lui auroit donné la mort (1). »

La justice sommaire, organisée le 22 prairial, ne pouvait
suffire à dégorger les prisons. Elles conservaient toujours leur
maximum (environ 7,000 détenus) quoique Fouquier fît tomber
des centaines de têtes par semaine (2). C'est à cet encombre-
ment que les prisonniers de Tulle durent de n'être pas jugés
avant thermidor. Un d'eux cependant fut trié entre ses com-
pagnons et passa en jugement le 16 messidor. Quelle circonstance détermina cette exception ? Nous l'ignorons, et proba-
blement elle fut l'effet du hasard. Aucune règle, aucun ordre
ne présidait à cette tuerie. On prenait chaque jour dans le tas,
à l'aventure pour ainsi dire. Quoiqu'il en soit, le *Moniteur*
nous apprend que M. Daubech, âgé de 45 ans, né et demeurant
à Tulle, fabricant d'huile de noix, fut condamné à mort dans
la séance du Tribunal révolutionnaire du 4 juillet. C'est un des
noms qui manquaient. Quant aux motifs de la condamnation,
ils ne nous apprennent rien qui soit particulier au condamné.
Il était englobé avec vingt autres prévenus de tous les points
de la France dans une inculpation générale d'actes contre-révolutionnaires (3).

Nous pensons que tous les autres Corréziens furent jugés et
acquittés. Nous en sommes certains pour dix-sept d'entre eux,
ayant découvert le bulletin du tribunal révolutionnaire qui les
concerne. Nous publions leurs noms et qualités tels qu'ils
résultent du jugement. Le premier de cette liste est le sieur
Alaric Astorg qui, de même que le sieur Daubech, marchand

---

(1) Réimpr. du *Moniteur*. t. XXI, p. 291. — En floréal, an IV,
Paganel fut envoyé en mission dans la Corrèze pour surveiller la
manufacture d'armes de Tulle.

(2) Du 22 prairial au 9 thermidor, le tribunal révolutionnaire prononça environ trente condamnations à mort par jour. On peut voir
dans le *Moniteur* l'état des prisons pour cet intervalle. Le nombre
des détenus flotte toujours entre 7,000 et 7,500.

(3) Réimpr. du *Moniteur*, t. XXI, p. 159.

d'huile, manquait à l'énumération donnée ci-dessus. Voilà donc les trente-cinq noms connus. Le sieur Alaric avait été arrêté lors de l'affaire du Trech.

Du 30 vendémiaire an III (21 octobre 1794) :

1° Alaric, Astorg, 55 ans, natif d'Aurillac, y demeurant, employé dans la régie des cuirs.

2° François Melon jeune, 30 ans, natif de Tulle, ci-devant chanoine de Notre-Dame-de-Paris, actuellement chasseur-dragon du recrutement de 300,000 hommes, demeurant à Clément, près Tulle ;

3° Joseph Albier, 38 ans, avoué, né et demeurant à Tulle ;

4° Antoine Lacoste, 36 ans, natif de Tulle, y demeurant, ci-devant avocat, ex-officier municipal ;

5° Jean-Pierre Sartelon, 52 ans, natif de Tulle, y demeurant, homme de loi, électeur, notable et juge de paix ;

6° Léger Daubech, 62 ans, natif de la commune de Lamazière-Basse, district d'Ussel, officier de santé à Tulle ;

7° François Faugeyron, 53 ans, natif de Tulle, ci-devant homme de loi, cultivateur, ex-officier municipal, demeurant à Salvedour, près Tulle ;

8° Jacques-Joseph Soustre aîné, 60 ans, natif du bourg de La-Roche, cultivateur à Champagnac-la-Montagne, district de Tulle ;

9° Jacques Braconnat, 56 ans, natif de Beaulieu, district de Brive, ci-devant conseiller et receveur des consignations à Tulle ;

10° Antoine Chaumont, 56 ans, natif de la commune de Marmagnac (sic) (1), officier municipal à Tulle ;

11° Louis Saint-Priest de Chambon, 77 ans, natif de Tulle, notable, y demeurant ;

12° François Lagarde, 73 ans, officier invalide, natif de Tulle, y demeurant ;

13° Joseph Froment, 61 ans, natif de Tulle, y demeurant, ci-devant bailli de Versailles ;

14° Madeleine Lafagerdie, veuve Darluc, 72 ans, native de Tulle, y demeurant ;

15° Marie-Anne Lajunie, veuve Brossard, 50 ans, née à Tulle, y demeurant ;

16° Jean-Joseph Meynard, dit Fourton, 56 ans, natif de Tulle, y demeurant, cultivateur et officier municipal de ladite ville.

Le tribunal déclara qu'il ne résultait contre les accusés aucun fait révolutionnaire et que d'ailleurs Albier fils, Lacoste,

---

(1) Marcillac-la-Croisille.

Soustre père, Sartelon, Sudour (1), Meynard, Alaric, Froment, Chaumont, Lagarde-Prailloux, avaient été déjà acquittés par un tribunal compétent des faits portés contre eux. En conséquence, la mise en liberté de tous les accusés fut immédiatement ordonnée (2). Mentionnons en passant que parmi les jurés du nouveau tribunal révolutionnaire organisé le 23 thermidor, se trouvait le sieur Boule, aubergiste à Tulle (3).

La chute de Robespierre eut son contre-coup à Tulle, et sur ce point nous avons deux documents imprimés fort curieux. Le *Tableau du Robespierrisme*, non signé, attribué à Bardon, républicain accentué, mais qui avait reculé devant les exécutions sanglantes, nous édifie sur la conduite de Jumel, Juyé, Vialle, Després et autres, et venge contre eux la morale et l'humanité qu'ils avaient si affreusement outragées. La contre-partie se trouve dans un pamphlet intitulé : *Leurs Têtes branlent. A votre tour les Pierroux de Tulle, MM. Vialle.....*, *etc.*, etc., *et vous membres gangrenés du Comité de surveillance, de la municipalité et de l'ancienne Société populaire; et de suite ces présidents de club, Jumel et Juyé.* — C'est un *Pierrou* lui-même qui, sur un ton de sarcasme et comme s'il se portait accusateur des terroristes, prétend justifier leur conduite et incrimine celle des modérés. L'auteur du pamphlet, au ton animé du style, pourrait bien être Jumel. Lui ou Sauveur Vialle étaient seuls capables, dans le parti, d'écrire d'une plume si alerte. Le *Pierrou* brave la réaction et raille la justice suspendue sur ces têtes coupables. L'évènement donna quelque raison à cette insouciance. Les terroristes furent plus heureux que les Girondins. Le groupe intime de Robespierre et la commune de Paris payèrent pour tous les autres. A Tulle, la réaction ne fut pas sanguinaire. Puisque Brival et Lanot restaient impunis, leurs acolytes de la Corrèze n'avaient rien

---

(1) Le nom de M. Sudour, avoué, ne se trouve que dans le dispositif du jugement.

(2) *Jugement rendu en la Chambre du Conseil du Tribunal révolutionnaire établi à Paris.....*, n° 231. De l'impr. du tribunal révolutionnaire. — Ce bulletin était imprimé à très petit nombre et pour les membres du tribunal seulement.

(3) Réimpr. du *Moniteur*, t. XXI, p. 467.

à craindre pour leurs têtes. Quelques-uns furent arrêtés, entre autres Jumel, Juyé, Vialle, Sauty, Desprès, Roussel. Ils étaient encore détenus au mois de septembre 1795. Le fait est du moins établi pour Vialle. Le 11e jour complémentaire de l'an III, Roux-Fazillac demandait, par une lettre, sa mise en liberté, essayant de justifier son rapport sur l'envoi des détenus au Tribunal révolutionnaire. Ils profitèrent de l'amnistie du 4 brumaire an IV (26 octobre 1795).

Leur détention ne dut pas être bien rigoureuse, puisque Jumel put occuper ses loisirs à la composition d'une tragédie patriotique. La Convention ayant invité les hommes de lettres à mettre en scène les principaux évènements de la Révolution, il s'appliqua à reproduire le drame du 10 août. Cette pièce, en trois actes et en vers, fut imprimée à Tulle par Chirac en l'an III, c'est-à-dire pendant que Jumel était détenu. C'est ce que Jumel a fait de plus médiocre, tant au point de vue des pensées que du style. Le roi n'est qu'un niais se laissant dominer par le premier venu; la reine, sur le tombeau de son père, a juré à Marie-Thérèse de poursuivre les Français de sa haine et de sa vengeance, elle veut faire égorger tout Paris, comme disait la Carmagnole. Le 10 août a déjoué son complot sanguinaire.

Désormais Jumel ne joue plus un rôle saillant. Trop déconsidéré pour avoir des amis, ses complices lui restaient et avaient intérêt à le protéger. Il ne fut pas complètement délaissé.

Lors de l'organisation de l'Ecole centrale de la Corrèze, en 1798, la place de professeur de belles-lettres lui fut donnée par les soins de Brival. Il conserva plusieurs années cette position modeste, cherchant à se faire oublier, se contentant de « vivre » comme Siéyès. Il prouva qu'il méprisait les sentiments de famille au même degré que les principes de morale et d'humanité. En l'an IX, sa sœur, en état de viduité et réduite à la misère, écrivait au juge de paix de Tulle pour se plaindre de ce que son frère lui retenait depuis huit ans sa maigre légitime (une rente de 38 livres 15 sols), sans que ses réclamations eussent pu obtenir aucune réponse (1). Deux ans après, en

_____

(1) Voici un extrait de cette lettre : « Paris, le 21 pluviôse an 9. Citoyen juge de paix, permettez-moi de vous adresser la présente

l'an XI (1803), étant remplacé comme professeur de belles-lettres par Bardon, Jumel quittait Tulle pour toujours, abandonnant sa femme et ses enfants.

Nous n'aurions plus à nous occuper de lui, mais la fin de sa vie, quoiqu'obscure, nous offre encore le spectacle le plus étrange, le plus incroyable. Le Père Duchêne est mort, ou plutôt il n'a pas existé, tous ses forfaits n'étaient qu'un affreux cauchemar que le réveil a chassé dans le néant; l'abbé Jumel ressuscite. J'avais pensé d'abord que pour se débarrasser ainsi du passé, et pour oser tenter une nouvelle transformation, le Père Duchêne ne s'était sans doute pas marié régulièrement et que son union avec Jeanne Peuch n'avait été consacrée que par la déesse Raison. Mais son acte de mariage civil existe bien aux archives de la mairie de Tulle (1). Jeanne Peuch pouvait

---

pour que vous ayez la bonté de me donner des nouvelles de mon frère. Il se nomme Jean-Charles Jumel..... La circonstance malheureuse du temps présent m'a forcé de lui écrire plusieurs lettres en lui représentant la position où je me trouve aujourd'hui sans avoir de quoi me substanter, poursuivie de toutes parts : 1º pour mes impositions; 2º pour mes termes de loyer. J'ai peint à mon frère plusieurs fois ma triste position, en lui réitérant les prompts secours que j'attendais de lui. Je ne lui demandais et ne lui demande encor rien à lui mais bien à moi. Mon frère jouit de ma légitime sans m'avoir donné la moindre marque que j'étois sa sœur, depuis la mort de ma mère, il y a huit ans. Mon frère me doit une rente de 38 livres 15 sols par contrat passé devant Havard et son collègue, notaires à Paris, le 18 mai 1786. Je vous serai obligée, citoyen juge de paix, etc. Signé : Veuve Decoucelle. »

(1) Cet acte de mariage nous donne en même temps la date exacte de la naissance de Jumel et les noms et qualités de ses père et mère : « Aujourd'hui décadi dixième jour de nivôse l'an second de la République françoise une et indivisible, à une heure après midy sont comparus en cette commune pour contracter mariage : d'une part, Jean-Charles Jumel, majeur, natif de la commune de Paris, administrateur du district de Tulle, domicilié de cette commune depuis aux environs de dix-huit mois, y habitant, petite place Saint-Martin, fils légitime de feu Charles Jumel, bonnetier, et de feue Marie-Françoise Brotier; d'autre part, Jeanne Peuch, mineure, fille légitime de Gabriel-Paul, marchand, et de Toinette Baluze, habitant cette commune, lesquels futurs conjoints étaient accompagnés de Jacques Brival, représentant du peuple, de Sauveur Vialle, agent national près le district de Tulle, de Jean-Baptiste Juyé, administrateur du district de Tulle et président de la Société populaire, et de Malepeyre, vice-président du Département de la Corrèze, les susdits témoins non alliés et majeurs; moy Maurice Mariau après avoir fait lecture en présence des parties et susdits témoins : 1º de l'acte de naissance de Jean-Charles Jumel en date du six septembre

bien se dire sa femme légitime selon les lois de l'époque et ses enfants avaient bien droit au nom de Jumel. La mère et les fils virent, je crois, rompre sans regret le lien qui les attachait à cet homme aussi méprisable dans son existence privée que dans sa vie publique. M. le comte de Seilhac a tracé, de cette femme Jumel, un portrait saisissant dans la teinte fantastique et macabre. La touche en est très réussie. Nous y renvoyons le lecteur. Un seul des enfants de Jumel figure dans ce tableau, mais il en avait deux. Le premier qui était artiste peintre mourut fou (1). Le second, que nous avons connu, semblait aussi marqué du sceau du malheur. Mélancolique, timide et comme honteux, assidu au travail (il était typographe de l'imprimerie Drappeau), il vivait isolé, mais avait la sympathie des rares personnes qui l'approchaient, était estimé pour sa bonté, sa douceur, son honnêteté. Il avait une passion tranquille pour les fleurs, et sa casse était toujours entourée de quelques belles plantes. Il les renouvelait chaque jour apportant ses pots le matin à l'atelier, les remportant le soir. On le nommait Peuch et non Jumel. Il mourut après sa mère, jeune encore, seul, sans bruit, laissant à peine trace de son existence (2).

---

mil sept cent cinquante et un qui constate qu'il est né ledit jour dans la ci-devant paroisse de Saint-Nicolas du Chardonneret à Paris du mariage légitime de feu Charles Jumel et de feue Marie-Françoise Brotier; 2º de l'acte de naissance de Jeanne Peuch, en date du dix décembre mil sept cent soixante-treize portant qu'elle est née ledit jour dans la ci-devant paroisse de Saint-Julien du mariage légitime de Gabriel Peuch, marchand, et de Toinette Baluze; 3º du consentement des père et mère de la future conjointe icy présens; 4º de l'acte de publication de mariage entre les futurs conjoints publié et affiché selon la loy du vingt septembre mil sept cent quatre-vingt-douze par moy Maurice Mariau, officier public, le quatre nivôse dernier à la porte de la maison commune de Tulle, après aussi que Jean-Charles Jumel et Jeanne Peuch ont eu à déclarer à haute voix se prendre mutuellement pour époux, j'ai prononcé au nom de la loy que Jean-Charles Jumel et Jeanne Peuch sont unis en mariage et j'ai rédigé le présent acte en présence des parties et témoins qui ont signé avec moy. Signé au registre : Malepeyre, Sauveur Vialle, Juyé, Marie Peuch, Baluze, Peuch, Jumel, Peuch. Pour copie conforme, le maire de Tulle : J. Vergne. »

(1) M. de Seilhac donne le récit de sa fin tragique. *Scènes et portraits*, p. 379.

(2) Les recherches faites dans les archives de la mairie de Tulle, concernant la naissance des enfants de Jumel n'ont pas produit un résultat très clair. On y trouve seulement deux actes de naissance :

Revenons à l'abbé Jumel. Il a repris l'habit et la qualité du prêtre. En l'an XIII (1805) nous le trouvons professeur à Compiègne. Ce qu'il n'a pas oublié, c'est l'art de s'introduire auprès des grands, de les flatter pour obtenir leur appui. Il est le protégé de Louis Bonaparte, frère de l'empereur. Le futur roi de Hollande demande au ministre Champagny la place de bibliothécaire du château de Compiègne pour l'abbé Jumel (1). Bientôt après il est nommé professeur de belles-lettres au collège de la Marche à Paris. Sa plume facile lui permet d'attirer l'attention sur ses talents, tout en cachant avec soin ses antécédents. En 1810, il publie un éloge de Charlemagne qu'il dédie au comte Hulin, général gouverneur de Paris (2). L'éloge de Charlemagne, en 1810, à l'apogée de la gloire de Napoléon, on en comprend la portée et le but. L'auteur ne manque pas d'ailleurs, dans la dédicace, de témoigner de son admiration pour Napoléon-le-Grand. Néan-

---

1º du 10 septembre 1794, naissance d'un enfant du sexe féminin auquel a été donné le prénom d'Egalité; 2º du 22 septembre 1798, acte de naissance d'un enfant du sexe masculin, *né le 15 juillet 1795*, auquel a été donné le prénom de Gabriel. Un acte primitif et contemporain de cette naissance existait sur le registre, mais il a été soigneusement raturé et remplacé par l'acte de 1798. — Je serais porté à croire qu'il y a eu erreur dans l'inscription du sexe du premier enfant né en 1794. Quant au second acte relatif à la naissance survenue en juillet 1795 et qui se rapporte, je crois à Peuch le typographe, il suscite la remarque que Jumel était en prison au moment de la conception de l'enfant, ce qui prouverait que sa clôture n'était pas très sévère. Mais la rature de l'acte primitif, si soigneuse qu'il est impossible de retrouver le texte, peut suggérer quelque autre hypothèse.

(1) « Saint-Leu, le 19 floréal an XIII. — Monsieur le Ministre, M. l'abbé Jumel, professeur à Compiègne, désire que je vous recommande la pétition ci-jointe, qu'il présente à Votre Excellence, et par laquelle il sollicite le titre de conservateur des livres du château de Compiègne. Je vous serai très obligé, Monsieur le Ministre, de vouloir bien être favorable, s'il est possible, à la demande de M. Jumel. Recevez, Monsieur le Ministre, les assurances de ma plus haute considération. Signé : Louis BONAPARTE. — A M. Champagny, ministre de l'intérieur. » (Pièce transcrite dans la *Lettre à M. de Falloux, ministre de l'instruction publique...*, par G. Libri, p. 236. Paris, 1849.

(2) Ce comte Hulin était d'ailleurs à peu près de la catégorie de Jumel : bon à tout faire. D'abord domestique du marquis de Conflans, *vainqueur de la Bastille*, héros du 10 août, du 31 mai, plat courtisan de Napoléon, président de la commission de l'assassinat du duc d'Enghien, rallié aux Bourbons, les reniant pendant les Cent-Jours, enfin exilé.

moins, il ne s'éleva pas au-dessus des situations modestes. Son passé était trop lourd. La place de professeur au collège de la Marche ne lui fut pas maintenue. Il ne l'avait plus en 1812 puisqu'il se qualifiait, sur le titre d'un de ses ouvrages, ancien professeur de belles-lettres. Pour se créer des ressources, il composa une série de livres à l'usage de la jeunesse : *Galerie des enfants, Galerie des jeunes personnes, Éléments de rhétorique*, etc. On en trouvera l'énumération dans la notice bibliographique. Quel contraste entre le style et les pensées du Père Duchêne et la littérature de ce nouveau Berquin. La religion est redevenue le fondement indispensable de toute société, les rois sont dignes de respect et d'amour, les grands de la terre donnent souvent l'exemple de la vertu. Le duc de Bourgogne, élève de Fénelon, le grand dauphin, sont présentés comme des modèles. Madame de Montespan, madame de Maintenon n'encourent aucune critique. Mais l'Empire est tombé. Les Bourbons sont montés sur le trône. Jumel s'empresse de saluer le soleil levant. C'est le comble. Cette Marie-Thérèse, dont il avait prononcé le panégyrique en 1779, qu'il avait ensuite flétrie en l'an III, il la propose de nouveau à l'admiration du genre humain. Il publie en 1816 un volume sous ce titre : *Marie-Thérèse, impératrice, reine d'Hongrie et de Bohême, archiduchesse d'Autriche, mère de Marie-Antoinette, reine de France. Actions de courage et actes de bienfaisance de cette auguste souveraine.* Ce n'est pas une réédition de son premier ouvrage, mais une œuvre toute nouvelle qui déborde d'enthousiasme et de vénération. Venant à parler d'une maladie de Louis XV, voilà comment il s'exprime : « Jamais douleur ne fut si grande et si caractérisée que celle qu'elle répandit dans toute la France. La nouvelle de la guérison du roi, que l'on n'osait plus espérer, fit succéder à la douleur une joie aussi universelle et aussi vive ; et c'est à cette occasion, qui fut alors une preuve de l'attachement des Français et de l'amour pour les bons rois, que fut donné à Louis XV le glorieux titre de Bien-Aimé. »

Après cette date, nous ne trouvons plus aucune trace de l'existence de Jumel. *La France littéraire* de Quérard, la *Biographie générale* et autres recueils s'accordent pour nous apprendre qu'il se résigna à solliciter une cure de village et qu'il mourut en 1824 desservant d'une paroisse aux environs d'Avallon (1).

Nous voudrions croire qu'il pleura ses erreurs, qu'il se repentit sincèrement. Si après avoir vu couler ses larmes et sondé sa conscience, le chef de l'Église lui pardonna, nous devons imiter cette grande miséricorde. Mais ce que nous savons de la dernière phase de la vie de Jumel ne plaide pas en sa faveur. Après avoir accumulé tant d'infamies et tant de crimes, cet homme n'avait plus le droit de parler ni de la religion, ni de la gloire, ni de la royauté, ni de la vertu. La pudeur commandait le silence même à ses regrets. Les grandes douleurs et les grands repentirs sont muets.

BIBLIOGRAPHIE.

—

Eloge de Suger abbé de Saint-Denis, ministre d'État et régent du royaume sous le règne de Louis le Jeune. Discours qui n'a point concouru pour le prix de l'Académie française. Par l'abbé Jumel, vicaire de Sainte-Opportune. A Bruxelles et se trouve à Paris, chez Valade, impr. libr., 1779, in-8°, 48 pages.

Panégyrique de Saint Louis, prononcé à l'Académie de Châlons-sur-Marne.... Châlons, Seneuze, 1780, in-8°.

(Note fournie le 23 floréal an VIII par le Conseil d'administration de l'Ecole centrale du département de la Corrèze à M. de Verneilh, préfet. Signé : Béronie, Faugères. — Aux Archives de la Corrèze.)

---

(1) Sur la foi de ces autorités, et particulièrement de Quérard qui est exact, d'habitude, nous tenons le fait pour acquis. Nous devons pourtant déclarer que les recherches que MM. les vicaires généraux de Sens, de Dijon et de Nevers ont bien voulu faire sur notre demande pour découvrir la date et le lieu du décès de Jumel n'ont pas abouti. — L'annuaire nécrologique de Mahul, pour les années 1823 à 1825, ne mentionne pas non plus la mort de Jumel.

Eloge de Marie-Thérèse, impératrice d'Hongrie et de Bohême, archiduchesse, etc., etc. Par l'abbé Jumel, vicaire de Sainte-Opportune. Paris C. P. Berton, 1781, in-8°, 72 pages. *

Petit carême prêché en 1782 dans la chapelle de l'Ecole royale militaire, en présence des élèves et dédié à Monsieur. Par l'abbé Jumel. Paris, de l'imp. de Monsieur, 1782, in-12°, 252 pages. *

Oraison funèbre de Henri de Bourbon, prince de Condé, prononcée en l'église des Jésuites...., Paris, Grange, 1783, in-8°. (Note Béronie et Faugères.)

Discours sur la bénédiction des drapeaux de la garde nationale de Paris. Paris, imp. de la veuve Laguette, 1789, in-8°. (Note Béronie et Faugères).

Discours sur la belle institution des Juges de paix, prononcé à l'ouverture du tribunal dans la section Poissonnière. Paris, Tremble, 1790, in-8°. (Note Béronie et Faugères.)

Eloge de la Révolution prononcé en présence des députés des départements au pacte fédératif. Paris, veuve Laguette, 1790, in-8°. (Note Béronie et Faugères.)

Discours prononcé au Club des Amis de la Constitution de la ville de Tulle, chef-lieu du département de la Corrèze, par Jean-Charles Jumel, vicaire épiscopal du département, à la séance du 26 décembre, jour de sa réception. Imprimé par ordre de la Société. s. l. n. d. (Tulle, 1791), in-8°, 7 pages. *

Adresse aux habitans des campagnes du département de la Corrèze sur l'insurrection arrivée à Tulle le 9 avril 1792 et l'an 4° de la liberté [par] les membres de la Société des Amis de la Constitution. Signé : J.-C. Jumel, président, Lanot jeune et Barry, secrétaires. A Tulle, de l'impr. de R. Chirac, 1792, in-8°, 4 pages. *

Oraison funèbre de l'infortuné maire d'Etampes, prononcée à la pompe funèbre qui a eu lieu en exécution de la loi. Tulle, Chirac, 1792, in-8°.

Discours civique et religieux sur l'établissement du gouvernement républicain, imprimé en vertu de l'arrêté de l'administration du département. Tulle, Chirac, 1792, in-8°, 22 pages. *

Correspondance du Père Duchêne avec le département de la Corrèze, ses grandes joies, ses grandes colères et son thermomètre b.....ment patriotique. Feuille hebdomadaire. In-8°, 8 pages. *

L'abonnement était de douze livres par an ou trois livres

par trimestre. On ne connaît que quelques numéros de cette feuille. Les uns sont de l'imprimerie de R. Chirac, d'autres sans nom d'imprimeur. Le numéro 5 porte la date du 28 juin (1793). Le numéro 8 est du 19 juillet.

Jumel faisait aussi paraître sous le nom de Père Duchêne d'autres pièces qui ne semblent pas faire partie de la série du journal, n'étant ni datées, ni numérotées. Nous connaissons les deux suivantes :

La grande colère du Père Duchêne contre la grande assemblée de département tenue à Tulle le 12 mai et jours suivans de l'an second de la République. A Tulle, chez P.-J. Vachot, impr. du dép'. et de la Société Populaire, s. D., in-8°, 8 pages. *

La grande ribotte du Père Duchêne avec les sans-culottes de Limoges ; sa grande conversation avec l'intrépide Lunette de la Haute-Vienne. (Cité par M. de Seilhac).

Adresse à la Convention Nationale par la Société Populaire de Tulle, département de la Corrèze, ce 9 frimaire de l'an 2° de la République française, une et indivisible. Tulle, impr. P.-J. Vachot, s. D., in-8°.*

L'Observateur montagnard ou Journal du département de la Corrèze. Tulle, chez R. Chirac, impr. du département. In-8°, 8 pages. *

Paraît avoir succédé à la Correspondance du Père Duchêne. D'après le prospectus, la création de ce journal était déterminée par les conseils des citoyens Brival et Lanot, représentants du peuple. L'abonnement était de 6 livres par an pour la ville et de 9 livres pour le département. Numéro 1 : 20 septembre 1793.

(Programme du journal : « Art. I. Décrets de la Convention nationale. Art. II. Nouvelles de la guerre, mouvemens et combats des différentes armées de la République, traits de bravoure. Art. III. Délibérations des corps administratifs et arrêtés des sociétés populaires. Art. IV. Vente des biens nationaux, exactitude ou retard des acquéreurs dans leurs payemens, dénonciations des fonctionnaires prévaricateurs et des individus inciviques. Art. V. Jugemens intéressans des tribunaux, nomination aux différentes fonctions. Art. VI. Poésie, littérature et objets recueillis dans les journaux et les plus propres à extirper les erreurs et les préjugés. Art. VII. Agriculture, maladies épidémiques des hommes et des animaux. Art. VIII. Réfutation des fausses nouvelles disséminées par les ennemis de la chose publique. — On s'adressera pour les lettres et l'abonnement au citoyen Jumel, à Tulle. »)

L'esprit et le style sont toujours imités du Père Duchêne. La prise de Toulon est annoncée sous ce titre : *La grande joie du Père Duchêne au sujet de la reprise de Toulon et sa grande colère contre les Jean-F....es d'aristocrates qui excitoient des troubles dans l'intérieur en comptant sur les secours des Anglois qui sont tous f...us.* — N° 19, du 7 nivôse, 27 déc. 1793.

Leurs têtes branlent. — *A votre tour les Pierroux de Tulle, MM. Vialle, ...Roussel, Deprès, etc., etc., etc., et vous membres gangrenés du Comité de surveillance, de la Municipalité et de l'ancienne Société populaire et de suite ces présidents de club, Jumel et Juyé.* S. L. N. D. (Tulle, 1794), in-8°, 15 pages. *

Le dix août, tragédie nationale en trois actes. Par le citoyen Jumel, administrateur du district de Tulle. Tulle, Chirac, an III, in-8°, 55 pages.*

Eloge de Charlemagne, empereur d'Occident, dédié à M. le général de division Hulin, comte de l'Empire, commandant la 1re division militaire et la ville de Paris, l'un des commandans de la Légion-d'Honneur, commandeur de l'Ordre Royal de la Couronne de Fer, Grand Cordon de l'Ordre ou Lion Palatin de Bavière. Par Jean-Charles Jumel, ex-professeur de belles-lettres aux Ecoles centrales et aux Prytanées, professeur de littérature française au Collège de la Marche en l'Académie de Paris. Paris, Petit et Le Normant, libraires, 1810, in-8°, 67 pages. *

Galerie des enfants ou les motifs d'une noble émulation tirés des progrès dans les sciences, des actions de courage et des traits de bienfaisance qui ont illustré l'enfance, pour servir à l'éducation de la jeunesse. Par J.-C. Jumel, professeur de belles-lettres. 2e édit., revue et corrigée. Paris, Eymery, 1814, in-12 avec 6 figures. '

La première édition est de 1813. La quatrième de 1814, (même libraire).

Galerie des jeunes personnes ou les qualités du cœur et de l'esprit présentées dans des exemples de vertus, pour servir à l'éducation de la jeunesse. 5e édit. Paris, Eymery, 1826, in-12 avec figures.

La première édition est de 1813.

Hervey ou le meilleur des hommes de son siècle, drame en 3 actes et en prose. Paris, Tiger, 1814, in-18.

Introduction à l'éloquence, ou Elémens de rhétorique ; suivis d'exemples tirés des auteurs les plus célèbres et particulièrement des orateurs les plus distingués de l'Académie française et de l'Université, et des notions sur la prononciation, la déclamation et le style épistolaire, d'après les meilleurs écrivains. Par M. Jumel, ancien professeur de belles-lettres. Paris, Belin-Leprieur, 1812, in-12, 280 pages. '

Marie-Thérèse, impératrice, reine d'Hongrie et de Bohême,

archiduchesse d'Autriche. Actions de courage et actes de bienfaisance de cette auguste souveraine. Par J.-C. Jumel. Paris, impr. de Tiger, s. d., in-24, 90 pages. (1816, d'après Quérard.)

Ornements du cœur humain ou Variétés morales et historiques propres à inspirer à la jeunesse le goût et la pratique des choses honnêtes. Paris, Janet, 1815, in-18, avec figures.

(J.-C. Jumel publia aussi pour la jeunesse, en 1813, quatre recueils de fables (d'Esope, de La Fontaine, de Fénelon et de Florian, 4 volumes in-18) précédés de notices sur chacun des auteurs ; ces recueils ont été réimprimés plusieurs fois depuis cette époque).

www.ingramcontent.com/pod-product-compliance
Lightning Source LLC
LaVergne TN
LVHW022031080426
835513LV00009B/976